Staats- und sozialwissenschaftliche Forschungen

herausgegeben

von

Gustav Schmoller und **Max Sering.**

Heft 173.

Dr. jur. Ferdinand Graf von Degenfeld-Schonburg, Die Lohntheorien von Ad. Smith, Ricardo, J. St. Mill und Marx.

München und **Leipzig,**
Verlag von Duncker & Humblot.
1914.

Die Lohntheorien

von Ad. Smith, Ricardo, J. St. Mill und Marx.

Von

Dr. jur. Ferdinand Graf von Degenfeld-Schonburg.

München und **Leipzig,**
Verlag von Duncker & Humblot.
1914.

Altenburg
Pierersche Hofbuchdruckerei
Stephan Geibel & Co.

Inhaltsübersicht.

Einleitung.

Je mehr mit der Entstehung des modernen Kapitalismus sich ein Arbeiterstand bildete, der, von seinem Lohne lebend, keine Aussicht mehr hatte zum Meisterstand aufzurücken, desto mehr begann man auch in der Literatur sich mit der Lage des Proletariers zu befassen. Die Arbeiterklasse, die nicht blos Arbeit, sondern auch Arbeiter produziert, und dadurch in zwiefacher Weise sich selbst Konkurrenz macht, mußte notwendig die Augen der Sozialökonomen auf sich lenken. Und man ließ sich nicht an Darstellungen genügen; man suchte in Theorien den Grund zu erforschen, warum die Löhne auf einem gewissen Durchschnittsniveau stehen, und glaubte bald auch Gesetze gefunden zu haben, welche die Höhe des Arbeitslohns bestimmen: man kam zu Lohntheorien und Lohngesetzen. Nahmen diese Betrachtungen zunächst einen mehr abseits gelegenen Platz im Gebiet der politischen Ökonomie ein, so gewannen sie allmählich immer größere Bedeutung. Schon bei Ricardo bildet die Lohntheorie einen Grundpfeiler des Systems, bei Marx ist sie mit ins Zentrum gerückt.

Von diesen Theorien über den Arbeitslohn sollen im folgenden einige besonders typische herausgegriffen und eingehend besprochen werden: Zunächst die Lehre, die Adam Smith in seinem „Volkswohlstand“ aufstellte; war er auch längst nicht der erste Lohntheoretiker, so gebührt ihm doch der Titel „Vater der Nationalökonomie“ auch auf diesem Gebiet mit Recht; denn seine auf feinsinnigen Beobachtungen beruhenden Ausführungen bilden die Basis für die folgenden Ökonomen. Auf ihm fußt Ricardo bei aller Verschiedenheit seiner Lehre und seiner Methode, welch letztere sich in der Lohntheorie in deutlichstem Lichte zeigt. Ricardos Lohngesetz ist in der Geschichte der Lohntheorie von noch größerer Bedeutung als Adam Smith' Lehre. Beide werden von der ökonomischen Literatur des 19. Jahrhunderts, namentlich der englischen, bis zur historischen Schule widergespiegelt, und als Typus dieser Literatur sei J. St. Mill besprochen, der, obschon auf seinen Vorgängern fußend, doch für jede Strömung seiner Zeit einen aufnahmefähigen Sinn hatte. Alle die genannten Ökonomen sehen bei der Lohntheorie die Arbeiter vor allem als Produzenten von neuen Arbeitern an und leiten daraus ihre Theorie ab. Dabei können nach S m i t h die Arbeiter nicht viel für die Verbesserung ihrer Lage tun; ihr Schicksal wird im großen und ganzen ohne ihr Zutun entschieden. Anders bei R i c a r d o und noch viel mehr bei J. S t. M i l l; diese Autoren glauben in Anlehnung an M a l t h u s, daß die Arbeiter ihr Schicksal bis zu einem gewissen Grad mehr oder weniger selbst lenken können, indem sie sich als Produzenten von Arbeitern einschränken und das Angebot neuer Arbeiter verringern. Blickt diese Ansicht bei R i c a r d o nur schüchtern durch, so tritt sie bei M i l l schon recht zuversichtlich auf.

Dagegen sieht M a r x, so sehr er auch zunächst auf R i c a r d o aufbaut, den Arbeiter doch in erster Linie als Produzenten von Arbeit an, und auf ihm, als dem Schaffer von Mehrarbeit und Mehrwert, baut er seine Lohntheorie auf, die dann vor allem in der Darlegung der Entwicklung weit über die britischen Klassiker hinausgeht.

Es wird jedoch nicht genügen, diese Unterschiede in der eigentlichen Lohntheorie darzulegen. Notwendig ist es auch, auf die geschichtlichen Bedingungen und die ganz verschiedenen logischen Grundlagen hinzuweisen, von denen einerseits die Klassiker, andererseits M a r x ausgehen. Besonders müssen die Methoden der einzelnen Schriftsteller untersucht werden, weil nur so klargelegt werden kann, wie die einzelnen Theorien eigentlich gemeint sind, welcher Geltungsbereich ihnen zukommt. Nur unter Berücksichtigung sämtlicher im Sinn des Autors gelegenen Voraussetzungen läßt sich eine richtige Anschauung darüber gewinnen, wie er über das Problem der Lohnbildung dachte.

I.

Das Lohnproblem bei Adam Smith.

A. Allgemeines.

Als Adam Smith im Jahre 1776 sein Buch über den Volkswohlstand herausgab, herrschten äußerlich in Wirtschaft und Politik noch die alten Zustände; aber unter dieser Herrschaft waren die neuen Kräfte mächtig am Werk. Vom platten Land waren schon seit Jahrhunderten Menschen abgestoßen worden durch Verwandlung von Ackerland in Weide, von Weide in Jagdgrund; und hatte sich so auf der einen Seite ein Proletariat angesammelt, das nach dem Beschäftigungsorte hinströmte, so stand ihm auf der anderen Seite auch ein angesammeltes Kapital gegenüber, das nichts Besseres verlangte, als sich mit Hilfe dieser Arbeiter zu verwerten. Und diese Verwertung geschah zunächst im Anschluß an die alten Betriebsformen: Das alte Handwerk ging vielfach unmerklich in das Verlagssystem über; nach außen machte es nicht so gar viel Unterschied, ob der Handwerker an mehrere Kunden oder nur an einen Händler lieferte. Die Herrschaft des Kapitals war aber damit vollzogen. Zu Adam Smith' Zeit überwog die Hausindustrie, vielfach noch der Form nach dem Handwerk sehr ähnlich, in den bedeutendsten Gewerben, namentlich in den Textilgewerben, aber auch in der Leder-, Kürschner-, Eisenindustrie u. a. [1]. Natürlich hatte das eigentliche Handwerk noch eine große Bedeutung. Auf der anderen Seite begannen schon die Fabriken sich zu erheben. Aber sie waren noch in ihren Anfängen; die großen Erfindungen der Spinnmaschine, des mechanischen Webstuhls, der Dampfmaschine, die vor allem zum Siege der Großindustrie beitragen sollten, waren damals teils noch nicht gemacht, teils äußerten sie wenigstens noch keine große Wirksamkeit auf das Wirtschaftsleben.

Der Gegensatz zwischen Kapital und Arbeit, der das 19. Jahrhundert erschütterte, war in dieser Zeit noch nicht erwacht. Fehlte es auch nicht an Streitigkeiten zwischen Meistern und Arbeitern, blickten namentlich die letzteren, ebenso wie auch die kleinen Meister, mit Mißvergnügen auf neue arbeitsparende

[1] Held, Zwei Bücher, S. 560.

Maschinen der Unternehmer, so erschien doch dem damaligen Proletariat das Kapital mehr von seiner günstigen Seite: die Löhne waren noch auf einer gewissen Höhe, sie waren vielfach gestiegen, während die Lebensmittelpreise gesunken waren [1]. Andererseits ward mancher Mangel damals weniger empfunden als heute; wurde doch sogar im 18. Jahrhundert die Einführung der hausindustriellen Kinderarbeit allgemein als günstig angesehen [2].

Und dem Kapital ging es wahrlich auch nicht schlecht. Der Merkantilismus hatte es sorgsam auferzogen; hatte, was schädlich war, von außen abgehalten, und für die Einfuhr gesorgt, die es brauchte; hatte ihm Gelegenheit gegeben, im Handel zu verdienen, und durch Landstraßen- und Kanalbau den kommenden Erfindungen und der Großindustrie die Wege gebahnt. England war nun eine gewaltige Kolonial- und Seemacht; die Möglichkeit des Massenabsatzes und somit die Hauptbedingung der Großindustrie war gegeben [3]; kurz, der Merkantilismus hatte dem Kapital eine Rüstung auf den Leib geschmiedet, unter deren Schutz es sich gar trefflich hatte nähren können; und nun es groß und stark und selbstbewußt geworden, war ihm die Rüstung zu eng; aus dem Schutz, der nicht mehr nötig, war sie eine Fessel geworden [4], und so schrie das Kapital nach Befreiung; es war aber kein Schreien aus Not und Elend, sondern aus Kraft und Selbstbewußtsein. Mit dem Kapital stimmte die intellektuelle Welt überein. In ganz Europa schwärmte man von Freiheit, und im Jahre, als Adam Smith' Buch erschien, setzten die Amerikaner mit ihrer Unabhängigkeitserklärung diese Gefühle ins Praktische um. Schon lange waren diese Ideen vorbereitet und hatten, sich steigernd, zwischen England und dem Kontinent hin- und herüber gewechselt. Unter dem kontinentalen Absolutismus waren sie gediehen; denn der Absolutismus hat es immer lieber mit Individuen als mit organischen Gliederungen zu tun [5]. Überall, wo man der merkantilistischen Einschränkungen überdrüssig war, fielen die Gedanken der individualistischen Freiheit auf fruchtbaren Boden. Die Physiokraten gründeten das erste System dieser Art, das sich mit seiner Überschätzung der landwirtschaftlichen Produktion so deutlich als Reaktion gegen den in Frankreich besonders industriell gerichteten Protektionismus offenbarte. Ihnen folgte Adam Smith, der mit ihnen vor allem den Freiheitsgedanken gemein hatte, sich aber von der agrarischen Ein-

---

[1] Wealth of Nations, S. 59, 60. Steffen, Studien, S. 470, 495.
[2] Held, Zwei Bücher, S. 557.
[3] Steffen, Studien, Bd. II, S. 105.
[4] Vgl. Held, Zwei Bücher, S. 414, 494.
[5] Pesch, Bd. II., S. 19.

seitigkeit fernhielt. Bei all seiner universellen Bedeutung, bei all seinem Weitblick und Scharfsinn, der uns heute noch staunen macht, wurzelt er doch als echter Engländer ganz im England des 18. Jahrhunderts: dieses Zeitalter des ausgehenden Merkantilismus, des aufstrebenden Kapitalismus, des die Geister beherrschenden Individualismus liegt seinem Werke zugrunde. Es war eine Zeit, in der sich überall verborgene produktive Kräfte zu recken begannen; denen war jetzt nicht mehr mit Schutzmaßregeln gedient; „laissez-faire" mußte vielmehr nun die Losung sein; und wenn jeder tat, was er für sein Fortkommen als gut erachtete, dann würde es auch, meinte man, um die Gesamtheit am besten bestellt sein. War Adam Smith auch noch durchaus nicht von der Harmonie aller Interessen überzeugt, hielt er sogar gewisse Beschränkungen für geboten, so tritt er doch für möglichste Freiheit der Individuen ein. Daß diese Freiheit vor allem dem Stärkeren nützen würde, kam der damaligen Zeit, der die Menschen als gleich erschienen, nicht zum Bewußtsein. So spielt auch der Kampf zwischen Starken und Schwachen, zwischen Arbeitgebern und Arbeitern bei Adam Smith noch eine geringe Rolle. Die ganze Lohnfrage steht nicht im Mittelpunkt seines Systems. Immerhin ist sie, wie wir sehen werden, mit einer gewissen Ausführlichkeit behandelt.

B. Darstellung der Lohntheorie.

Adam Smith geht bei seinen Betrachtungen über den Arbeitslohn vom Warenpreis aus. Bei der Ware unterscheidet er einen natürlichen und einen Marktpreis. Der natürliche Preis der Ware ist derjenige, der „weder höher noch niedriger ist, als er sein muß, um die Grundrente, den Lohn der Arbeit und den Gewinn des Kapitals, die auf Erzeugung und Zubereitung sowie auf den Markttransport der Ware verwendet werden, nach ihrem natürlichen Satze zu bezahlen" [1]. Der Marktpreis, „der wirkliche Preis, zu welchem eine Ware gewöhnlich verkauft wird" [2], gravitiert nach dem natürlichen Preis. Er wird durch Angebot und wirksame Nachfrage bestimmt [3].

Der natürliche Preis der Ware also richtet sich nach dem natürlichen Satz seiner Bestandteile Arbeitslohn, Gewinn und Rente [4]. Was ist nun der natürliche Satz des Arbeitslohns? Es liegt nahe, ihn ebenso wie den Warenpreis aus den Kosten zu entwickeln [5]; er müßte dann, analog dem Warenpreis, der

---

[1] Stöpel I, S. 76. Wealth of Nations S. 42.
[2] Stöpel I, S. 77. Wealth of Nations S. 43.
[3] Wealth of Nations S. 43, 44.
[4] Wealth of Nations S. 42, 48.
[5] So Hasbach, „Mit welcher Methode wurden die Gesetze der

niedrigste sein, mit dem die Verkäufer im allgemeinen auskommen können, ohne ihr Geschäft einstellen zu müssen [1]; mit anderen Worten der niedrigste, mit dem die Arbeiter auskommen können, wenn sie überhaupt noch existieren wollen; wir hätten dann ein festes Minimum anzunehmen, und zwar wohl das physische Existenzminimum. Smith versteht darunter, wie später noch genauer gezeigt wird, das geringste Maß der zum Unterhalt eines Mannes und — da ja sonst die Arbeiter aussterben würden — seiner Familie notwendigen Mittel [2]. Es scheint nun sehr verlockend, dieses Existenzminimum mit dem natürlichen Arbeitslohn zu identifizieren. Das liegt aber durchaus nicht in der Meinung unseres Autors. Vielmehr sind nach ihm die gewöhnlichen oder Durchschnittssätze die natürlichen Sätze des Arbeitslohns zu der Zeit und an dem Ort, wo sie herrschen. Sie werden „teils durch die allgemeine Lage der Gesellschaft, ihren Reichtum oder ihre Armut, ihr Fortschreiten, Stehenbleiben oder Zurückgehen, und teils durch die besondere Natur jedes Geschäfts bestimmt" [3]. Sie sind also im Gegensatz zum Existenzminimum veränderlich. Die Gründe dieser Schwankungen schildert Smith im achten Kapitel des ersten Bandes, wie er zuvor eigens ankündigt [4]. Den natürlichen Arbeitslohn an die Lebensgewohnheiten der Arbeiter zu binden und von ihnen abhängig sein zu lassen, wie es später besonders Ricardo und J. St. Mill getan haben, daran denkt Adam Smith nicht; ja er weist diese Möglichkeit ausdrücklich zurück [5]. Eine eigentliche Definition, was er unter natürlichem Preis der Arbeit versteht, gibt Adam Smith nicht; aber man wird nicht fehlgehen, wenn man im Hinblick auf Smith' Ausführungen im achten Kapitel, besonders Seite 110, 111 die Definition von Malthus als auch Smith' Anschauungen entsprechend erklärt: Der natürliche oder notwendige Preis der Arbeit ist derjenige, welcher notwendig ist, um ein der wirksamen Nachfrage entsprechendes durchschnittliches Angebot

---

theoretischen Nationalökonomie gefunden?" Conrads Jahrbücher, 3. Folge, Bd. 27, S. 300. Marx („Kapital", Band II, S. 357) meint bei der Kritik von Adam Smith, der Arbeitslohn sei „der Wert seiner Ware, der Arbeitskraft, und dieser bestimmbar (wie der jeder anderen Ware) durch die zur Reproduktion dieser Ware nötige Arbeit". Aber hier legt Marx offenbar seine eigenen Gedanken unter.

[1] Wealth of Nations S. 47.

[2] Wealth of Nations S. 52.

[3] Stöpel I, S. 76. Wealth of Nations S. 42. Vgl. Held, Zwei Bücher, S. 162.

[4] Wealth of Nations, S. 48, 49.

[5] „This difference, however, in the mode of their subsistence is not the cause, but the effect of the difference in their wages; though by a strange misapprehension, I have frequently heard it represented as the cause." Wealth of Nations, S. 58. Vgl. Hasbach, „Mit welcher Methode . . .", S. 300.

hervorzubringen [1]. Mit diesen Worten läßt sich auch der natürliche Preis der Arbeit bei Adam Smith definieren. Er kann sehr verschieden sein; während im Urzustand das Produkt der Arbeit den natürlichen Lohn der Arbeit bildet, sind seit der Bodenaneignung und Kapitalienansammlung Grundrente und Kapitalgewinn davon abzuziehen [2].

Es scheint allerdings einen Widerspruch mit Adam Smith' sonstigen Ausführungen darzustellen, wenn er bei Beginn seines Kapitels über den Arbeitslohn den allgemeinen Satz aufstellt: „Das Produkt der Arbeit bildet die natürliche Vergütung oder den Lohn der Arbeit" [3]. Zwiedineck-Südenhorst [4] folgert aus diesem Satz, daß nach Smith die natürliche Belohnung der Arbeit in den Produkten der Arbeit liege; mit dem Entstehen von Landeigentum und Kapital sei dem natürlichen Lohn der Arbeit im allgemeinen ein Ende gemacht worden. Diese Folgerung stimmt aber durchaus nicht überein mit der Auffassung, die Smith vom natürlichen Arbeitslohn an anderen Stellen bekundet [5]. So muß man annehmen, daß das Wort „natürliche Vergütung der Arbeit" im eben zitierten Zusammenhang eine andere Bedeutung hat als an den anderen Stellen. Es bedeutet da nämlich die Vergütung in dem von Adam Smith' Zeitgenossen so genannten „natürlichen", d. h. im Urzustand.

Abstrahieren wir von der eben erwähnten Beziehung auf den Urzustand, so ersehen wir aus allem, daß der natürliche Arbeitslohn bei Adam Smith und Malthus dem ähnelt, was Ricardo den Marktpreis der Arbeit nennt [6], während Adam Smith von einem Marktpreis der Arbeit überhaupt nicht spricht [7]. Auch im Vergleich zu seiner eigenen Dar-

[1] Malthus, Principles of political economy, S. 224.

[2] Wenn Adam Smith nun auch auf Seite 50 von Grundrente und Kapitalgewinn als von Abzügen vom Arbeitsprodukt spricht, den Arbeitslohn also als das erscheinen läßt, was nach diesen Abzügen übrig bleibt, so scheint es mir doch unberechtigt, daß Hammacher (Marxismus, S. 548, 550, 554, 558) aus diesen Worten eine „Abzugstheorie" konstruiert, die er der später von Smith dargestellten Lohntheorie gegenüberstellt. Denn es fällt Smith nicht ein, zu behaupten, vom Arbeitsprodukt würden zwei gesetzmäßig bestimmte Größen genommen, und alles Übrigbleibende, ob groß oder klein, sei Arbeitslohn, sondern er will einfach zeigen, wie das Arbeitsprodukt allmählich auch von anderen als den Arbeitern in Anspruch genommen wurde. Nach was sich dann diese Verteilung richtet, das wird eben im folgenden gezeigt. Auch bei Ricardo will Hammacher (Marxismus, S. 551, 554) eine derartige, mit seiner eigentlichen Lohnlehre in Widerspruch stehende „Abzugstheorie" sehen; doch weiß ich nicht, aus welcher Stelle Ricardos Hammacher die Berechtigung zu dieser seiner Ansicht schöpft.

[3] Stöpel I, S. 89. Wealth of Nations, S. 49.

[4] Zwiedineck-Südenhorst, S. 94.

[5] So besonders Wealth of Nations, S. 42, 48, 49.

[6] Ricardo, Principles, S. 71.

[7] Wohl aber Malthus, Principles of political economy, S. 224.

stellung des natürlichen und Marktpreises der Waren ist Smith' Terminologie durchaus nicht konsequent und glücklich. Es wird denn auch von Adam Smith im weiteren Verlauf, im achten Kapitel, in dem er seine Lohntheorie darstellt, nicht mehr vom „natürlichen Arbeitslohn" gesprochen. Trotzdem war es, schon mit Rücksicht auf die Ricardosche Terminologie, notwendig, der Bedeutung des Wortes „natürlicher Arbeitslohn" bei Adam Smith genauer nachzuspüren.

Wir sprechen also im folgenden einfach von Arbeitslohn, müssen aber zuerst Smith' Stellung zum Bevölkerungsproblem darlegen. Mit dem Lohnproblem, wie es die Klassiker auffaßten, ist nämlich das Bevölkerungsproblem aufs innigste verknüpft; seine Auffassung ist grundlegend für die der Lohnbildung. Daher sei zunächst Adam Smith' Stellung zu dieser Frage berührt; zwei Sätze insbesondere dienen dazu, sie zu beleuchten: Einmal der schon ganz an Malthus anklingende, dessen „Essay of the Principle of population" freilich erst 22 Jahre nach dem „Wealth of Nations", 8 Jahre nach Adam Smith' Tode erschien:

„Jede Tiergattung vermehrt sich naturgemäß im Verhältnis zu den Mitteln ihres Unterhalts, und keine Gattung kann sich jemals darüber hinaus vermehren" [1].

Und der andere: „Die reichliche Belohnung der Arbeit ist mithin ebensowohl die Wirkung des zunehmenden Reichtums wie die Ursache der zunehmenden Volksmenge" [2].

Die Vermehrung oder Verminderung der Bevölkerung ist also abhängig von der Lohnhöhe und diese von den Fonds. Die Mittel, durch welche das Gleichgewicht immer wieder hergestellt wird, sind vor allem Mangel und Hunger; als deren Folgen treten auf einerseits Sterblichkeit, und zwar besonders Kindersterblichkeit, andererseits geringere Häufigkeit der Eheschließung [3]. Allerdings hat schon Smith die Beobachtung gemacht, daß in wohlhabenden Familien die Kindererzeugung eine geringere ist als in armen; aber dies wird nach seiner Meinung mehr als kompensiert durch die um so größere Kindersterblichkeit bei den armen Familien [4]. Je ärmer ein Volk, desto weniger kann es seine Kinder aufziehen, bis es schließlich zur Kinderaussetzung wie in China gelangt [5]. Unter den angeführten Mitteln ist die durch Mangel hervorgerufene Kindersterblichkeit das wirksamste.

So wird die Erzeugung der Menschen durch die Nachfrage

---

[1] Stöpel I, S. 110. Wealth of Nations, S. 62.
[2] Stöpel I, S. 112. Wealth of Nations, S. 63.
[3] Wealth of Nations, S. 56, 61 ff.
[4] Wealth of Nations, S. 61.
[5] Wealth of Nations, S. 55.

nach Menschen, d. i. nach Arbeitern, geregelt [1]. Und zwar geschieht dies vermittelst des Preises der Arbeit, d. i. des Arbeitslohns. Dieser wird also bestimmt zunächst durch die Nachfrage, weiterhin aber auch durch das Angebot von Arbeitern. Er steigt bei zunehmender Nachfrage, wenn die Meister einander überbieten. Aber diese Nachfrage kann nur im Verhältnis zu den Fonds wachsen, aus welchen die Bezahlung des Lohnes erfolgt; sie wächst aber auch notwendig mit ihnen, also mit der Zunahme des Einkommens und Kapitals eines Landes überhaupt, mit der Zunahme des Nationalwohlstandes [2].

Hier haben wir also einen Ansatz zum Lohnfonds, der auch die Veranlassung gibt, daß Smith bisweilen unter die Lohnfondstheoretiker eingereiht wird. Ob man das tun will, hängt ganz von engerer oder weiterer Auffassung der Lohnfondstheorie ab. Zählt man jeden als Anhänger dieser Theorie, der für die Höhe des Arbeitslohns die in einem Lande befindlichen Kapitalien maßgebend sein läßt, so gehört eine sehr große Zahl von Nationalökonomen dazu. Diese Zahl schmilzt aber schnell zusammen, wenn man das Wesen der Lohnfondstheorie darin findet, daß sie einen ganz bestimmten, festen, abgegrenzten Teil des Kapitals als lohnbestimmend ansieht. Smith' Stellung ist allerdings nicht völlig klar. Denn zunächst spricht er von den Fonds in der Weise, daß schwerlich andere als nur diejenigen darunter gemeint sein können, welche zum direkten Kauf von Arbeit — sei es produktiver oder unproduktiver — bestimmt sind. Aber im folgenden identifiziert er doch die Zunahme der Nachfrage nach Lohnarbeitern mit der Zunahme des Einkommens und Kapitals eines Landes überhaupt [3]. Immerhin scheint aber auch aus diesen Sätzen, weiterhin aus Smith' ganzer Lohnlehre im allgemeinen hervorzugehen, daß er an einen von dem übrigen Kapital klar abgegrenzten Lohnfonds nicht dachte.

Das Angebot wird durch die Masse der Lohnarbeiter dargestellt. Je größer die Zahl der Arbeitsuchenden im Vergleich zur Nachfrage, umsomehr muß der Lohn sinken; aber es gibt einen bestimmten Punkt, unter den er auf die Dauer nicht sinken kann: Der Lohn muß zumindest das Existenzminimum — necessary maintenance — gewähren; und zwar dürfte Adam Smith darunter wohl kaum mehr als das rein physische Existenzminimum verstehen, d. i. das Mindestmaß dessen, was ein Mensch zum Leben braucht ohne umzukommen. Es genügt aber nicht, daß der Arbeiter allein von seinem Lohne leben kann, er muß auch eine Familie aufziehen können, soll nicht

---

[1] Wealth of Nations, S. 62.
[2] Wealth of Nations, S. 53.
[3] Wealth of Nations, S. 53.

die Arbeiterschaft aussterben. Es begreift demnach Adam Smith unter Existenzminimum die zum Lebensunterhalt eines Mannes unbedingt notwendigen Mittel, und weiterhin auch die für den Unterhalt der Familie insoweit notwendigen Mittel, daß die Bevölkerung weder zu- noch abnimmt [1]. Vermöge dieses Minimums wird sich die Bevölkerung — die Nachfrageseite als gleichbleibend vorausgesetzt — auf derselben Höhe halten. Denn sowie sie sich vermehrte, wäre ein erhöhtes Angebot herbeigeführt; dadurch würde der Lohn unter das Minimum sinken. Es müßten dann Mangel und Hunger die Bevölkerung verringern, bis das Angebot wieder kleiner würde; die Löhne könnten nun wegen der Konkurrenz der Arbeitgeber wieder steigen, und es wird der Gleichgewichtszustand eintreten, wenn nicht die Löhne wieder zu hoch hinaufschnellen und den Fortgang des Wechselspiels bedingen.

So würden sich nach dem Smithschen System die Lohnschwankungen verhalten, wenn die Nachfrageseite stets gleich bliebe. Das ist aber gerade nach Adam Smith durchaus nicht der Fall. Der Nationalwohlstand eines Landes kann zunehmen, er kann sich gleichbleiben oder abnehmen, immer wird zugleich die Nachfrage nach Arbeit wechseln. Bei der Schilderung vom Mechanismus des sich selbst regulierenden Angebots war an ein Land mit gleichbleibenden Fonds gedacht. Adam Smith hatte als Beispiel eines solchen Landes das China seiner Zeit aufgestellt [2]. Viel schrecklicher muß natürlich die Entwicklung sein, wenn die für den Unterhalt bestimmten Fonds abnehmen. Dann wird der Tod nicht bloß die Aufgabe haben, die Zahl der arbeitenden Bevölkerung vor Vermehrung zu bewahren, sondern er muß vielmehr ihre Zahl im Verhältnis zur gesunkenen Nachfrage vermindern. So in Bengalen, wo 3—400 000 in einem Jahre Hungers starben [3].

Ganz anders wenn die Fonds zunehmen. Dann können die Löhne dauernd über dem Existenzminimum stehen. Die Bevölkerung wird sich stark vermehren, und kann dennoch, da sie leicht und zu gutem Lohn Beschäftigung findet, in behaglichem Wohlstand leben. In solch glücklicher Lage befand sich Nordamerika, und auch in England stand der Lohn über

---

[1] Wealth of Nations, S. 52. Es ist nicht zu leugnen, daß durch die Hereinziehung der Familie der Begriff des Existenzminimums etwas an Klarheit eingebüßt hat. Zwiedineck-Südenhorst, S. 95, spricht deshalb von zwei Minima bei Adam Smith; das eine umfaßt das zum Leben des einzelnen Arbeiters, das andere das zur Erhaltung des Arbeitergeschlechts Notwendige. — Die Lebensbedürfnisse — necessaries —, von denen Adam Smith in der Steuerlehre (S. 691 ff.) spricht, umfassen offenbar mehr als das hier besprochene physische Existenzminimum.

[2] Wealth of Nations, S. 55.

[3] Wealth of Nations, S. 56.

dem Existenzminimum [1]. Die Smithsche Auffassung der Lohnbewegungen ist also, wenigstens für unsere Zeit, nicht pessimistisch. Ein reichlicher Lohn ist sehr wohl möglich, er wird bei wachsendem Nationalreichtum stets eintreten und ist sein natürliches Merkmal [2]. „Sicherlich kann keine Gesellschaft blühend und glücklich sein, deren meiste Glieder arm und elend sind" [3].

Adam Smith legt Wert auf die Feststellung, daß es nicht auf die absolute Höhe der Fonds eines Landes ankommt, sondern darauf, ob diese Fonds gleichbleiben, zu- oder abnehmen [4]. Denn da die Menschheit die Tendenz hat, sich zu vermehren, so würde ein gleichbleibender Fonds, wenn er auch sehr groß wäre, doch bald als zu klein sich erweisen.

Nun aber hat jedes Land gewisse Grenzen, über die hinaus eine Kapitalvermehrung nicht mehr möglich ist. Wenn es „den vollen Reichtum erworben hat, den es vermöge der Natur seines Bodens und Klimas und vermöge seiner Lage gegen andere Länder erwerben kann" [5], so muß der Lohn sinken, bis er auf das Existenzminimum kommt. Smith meint allerdings, daß bis jetzt vielleicht noch kein Land zu diesem Grad der Wohlhabenheit gekommen sei [6]. Doch scheine sich Holland diesem Zustand zu nähern [7]. Als ein niedrigeres Maximum stellt sich das volle Maß des Reichtums dar, das sich mit der Natur der Gesetze und Einrichtungen eines Landes verträgt, wenn nämlich diese die Entwicklung des Landes aufhalten. So in China [8]. Die Auffassung von den dem Wohlstand jeden Landes gesetzten natürlichen Grenzen wirft einen düsteren Schatten auf Adam Smith' ganze Lehre. Mag es einem fleißigen Volke lange Zeit hindurch noch so gut gehen und sein Wohlstand sich mehren, schließlich kommt doch einmal der Zeitpunkt, in welchem die Zunahme aufhört und der Zustand niedrigster Löhne eintritt.

Wir haben gesehen, daß die betrachteten Lohnschwankungen ohne Zutun der Arbeiter sich vollziehen. Den Versuchen der Arbeiter, durch gemeinsames Auftreten ihre Lage zu verbessern, mißt Adam Smith keine große Bedeutung bei; er ist der Ansicht, daß beim Ringen um die Lohnhöhe zwischen Meistern und Arbeitern die Meister im Vorteil sind; die Koalitionen, diese „lärmenden Verbindungen", bringen den Arbeitern sehr

---

[1] Wealth of Nations, S. 53, 54, 57 ff.
[2] Wealth of Nations, S. 56.
[3] Stöpel I, S. 109. Wealth of Nations, S. 61.
[4] Wealth of Nations, S. 53.
[5] Stöpel I, S. 131. Wealth of Nations, S. 73.
[6] Wealth of Nations, S. 74.
[7] Wealth of Nations, S. 75.
[8] Wealth of Nations, S. 74.

selten einen Nutzen [1] — Ansichten, die für die damalige Zeit mit ihren gegen die Koalitionen gerichteten Gesetzen nicht unbegründet waren.

Will man Adam Smith' Theorie in einem Satz zusammenfassen, so wird man sagen: Der Lohn wird bestimmt vermittelst der Konkurrenz durch Nachfrage und Angebot, die ihrerseits durch die wechselnden Fonds und das feststehende Existenzminimum geregelt werden.

In diesen Rahmen fügt sich auch die Stellung ein, die Smith den Lebensmittelpreisen in der Preisbildung auf dem Arbeitsmarkt zukommen läßt. Wo überhaupt der Arbeitslohn durch die Lebensmittelpreise verändert wird — es ist dies nicht immer der Fall [2] —, geht dieser Einfluß dahin, daß der wirkliche Preis der Arbeit und sogar auch der Geldlohn in Jahren der Fülle — also bei billigen Nahrungsmitteln — steigt, in Notjahren — also bei Teuerung — sinkt [3]. Dies steht ganz im Einklang mit Smith' ganzer Theorie; denn in wohlfeilen Jahren ist ja der Lohnfonds und somit die Nachfrage größer, in Notjahren geringer. Der Reallohn bewegt sich demnach immer umgekehrt wie die Lebensmittelpreise. Dagegen hat der Geldpreis der Arbeit auch die entgegengesetzte Tendenz in sich, mit den Lebensmittelpreisen zu steigen und zu fallen. Von ihm sprechend, sagt daher Adam Smith, daß er durch zwei Umstände bestimmt werde, durch die Nachfrage nach Arbeit und durch den Preis der Lebens- und Genußmittel [4]. Diese beiden entgegengesetzten Ursachen halten einander vielfach die Wage [5].

C. Der Geltungsbereich der Theorie.

Haben wir so im Vorhergehenden Adam Smith' Lohntheorie betrachtet, so kann diese Lehre doch erst recht klar werden, wenn wir die Voraussetzungen untersuchen, die der Autor seinen Behauptungen zugrunde legte, und so den Geltungsbereich kennen lernen, den er ihnen zuweisen wollte. Wir brauchen dabei nicht auf den Streit über Smith' Methode im allgemeinen einzugehen [6]. Sicher ist, daß sie weder rein

---

[1] Wealth of Nations, S. 51, 52.

[2] Vgl. Wealth of Nations, S. 57.

[3] Wealth of Nations, S. 64, 65, 67; vgl. auch S. 59.

[4] Wealth of Nations, S. 66, 67, 686.

[5] Wealth of Nations, S. 67. Aus dem Bisherigen ist zu ersehen, wie durchaus irreführend es ist, wenn Marx (Kapital, Bd. II, S. 383) den Arbeitslohn bei Smith einfach bestimmt sein läßt „durch den Wert der notwendigen Lebensmittel".

[6] Darüber Lifschitz, Adam Smith' Methode im Lichte der deutschen nationalökonomischen Literatur des 19. Jahrhunderts. Oncken, Geschichte der Nationalökonomie, S. 8, nennt Smith' Methode eine historisch-philosophische.

deduktiv, noch rein induktiv war. Sicher ist auch, daß sie, im Gegensatz zu der von J. St. Mill[1] geschilderten, von der Wirklichkeit ausging. Smith nahm nicht irgendeinen hypothetischen Zustand an, um dann von ihm aus seine Schlüsse zu ziehen, sondern er nahm die Wirklichkeit zum Ausgangspunkt, so wie sie sich ihm darstellte. Der „Volkswohlstand" sollte ein Bild der tatsächlichen Verhältnisse zeigen, aus dem sein Wesen und seine Ursachen mit all den Verkettungen des wirtschaftlichen Lebens zu ersehen waren. Im einzelnen fehlt es natürlich nicht an Isolierungen, wie das ja selbstverständlich ist[2]: Bisweilen greift wohl jeder Autor zu diesem Mittel. Und ebenso ist es eine Selbstverständlichkeit, daß in einer Untersuchung über den Volkswohlstand das Wirtschaftliche in den Vordergrund tritt.

Von der Wirklichkeit geht auch die Schilderung des Menschen aus. Adam Smith glaubte, daß die Menschen so beschaffen seien, wie er sie zeichnete. Er wollte nicht bloß einen abstrakten Menschen mit ganz bestimmten Voraussetzungen darstellen. Das geht aus dem ganzen Ton seines Buches und gerade auch aus den die Lohnfrage betreffenden Abschnitten hervor; es wird auch wohl nur wenig bezweifelt[3]. Eine andere Frage ist es, ob dieser Mensch, wie ihn Smith sich vorstellt, auch der Wirklichkeit entspricht. Als hauptsächlicher Vorwurf gegen unseren Autor wird da vorgebracht, daß die einzigen Motive, die diesen Menschen lenken, das Selbstinteresse und der Geschlechtstrieb seien[4]. Besonders an ersteres heftet sich die Kritik. Nun ist nicht zu leugnen, daß unserem heutigen Erkennen nach das Selbstinteresse zu stark[5], andere Motive zu

---

[1] J. St. Mill, System der Logik, Bd. III, S. 311 ff.

[2] Vgl. Neumann in Conrads Jahrbüchern, 3. Folge, Bd. XVII, S. 158.

[3] Vgl. Hasbach, Untersuchungen über Adam Smith, S. 397 ff., wo insbesondere festgestellt wird, daß das Selbstinteresse Adam Smith als ein auf induktivem Wege nachgewiesener Trieb der menschlichen Natur, und nicht etwa als eine freigewählte Prämisse galt.

[4] Vgl. Brentano, Die klassische Nationalökonomie, S. 4, wo dies von Smith und der ganzen klassischen Schule überhaupt behauptet wird; ferner Hildebrand, Die gegenwärtige Aufgabe der Wissenschaft der Nationalökonomie (Jahrbücher für Nationalökonomie und Statistik, Bd. I, S. 7, 20); weiter Knies, Die politische Ökonomie vom geschichtlichen Standpunkte, S. 223, 229, 271. Alle diese Äußerungen sind durchaus nicht gleich zu setzen, vielmehr handelt es sich bei den einzelnen Autoren um Verschiedenheiten der Formulierung, die gar nicht bedeutungslos sind, auf die näher einzugehen aber hier nicht der Ort ist.

[5] So z. B. wenn Smith behauptet, daß das Verlangen, unsere Lage zu verbessern, uns unausgesetzt von der Wiege bis zum Grabe begleite (Wealth of Nations, S. 263), oder wenn er die Rücksicht auf den Gewinn als den einzigen Beweggrund hinstellt, „der den Besitzer eines Kapitals bestimmt, es im Ackerbau, in der Industrie oder in irgendeinem Zweige des Groß- oder Kleinhandels anzulegen". Wealth of Nations, S. 289.

wenig betont sind, aber ganz außer Acht gelassen sind letztere doch nicht. In der „Theorie der sittlichen Gefühle" nimmt Adam Smith als Grundtriebe der menschlichen Natur das Wohlwollen und die Selbstliebe an [1]. Er polemisiert da sogar mehrfach gegen diejenigen, die alles menschliche Handeln aus der Eigenliebe herleiten wollen [2]. Daß Smith diese Anschauung auch später nicht gewechselt hat, wird vor allem daraus bewiesen, daß er selbst in der letzten, 1790 — also lange nach dem Wealth of Nations — erschienenen Auflage der „Theory", in der er noch so manche Ergänzungen anbrachte und ausdrücklich auf den Zusammenhang mit dem Wealth of Nations hinwies, doch nichts auf diese Frage Bezügliches geändert hat [3]. Ja es findet sich gerade unter diesen Zusätzen u. a. folgende Stelle: „Der Weise und Tugendhafte ist es zu allen Zeiten zufrieden, daß sein eigenes Privatinteresse dem öffentlichen Interesse des spezielleren Standes, dem er angehört, aufgeopfert werde . . . Er würde es daher ebenso zufrieden sein, daß alle diese untergeordneten Interessen dem größeren Interesse des Universum . . . aufgeopfert werden" [4]. Aber auch im „Wealth of Nations" finden sich genug Stellen, die auf andere Motive als das Selbstinteresse Bezug nehmen [5]. Nur einige Beispiele: Unter den Meistern gibt es nachgiebige und harte [6]; nicht nur die Eingebungen der Vernunft, sondern auch die der Menschlichkeit kommen für sie in Betracht [7]. Und wenn er an einer Stelle ausspricht, daß das klare Interesse der einzelnen eine sehr mächtige Triebfeder sei [8], so liegt darin wohl enthalten, daß es noch andere Triebfedern geben muß. Am deutlichsten aber spricht wohl der Satz, in welchem Smith von einem Manne redet, der all sein Einkommen für seine eigene Person ausgibt. Diese Art des Aufwandes, meint er, zeugt „oft nicht nur von kleinlichen, sondern auch von niedrigen und selbstsüchtigen Anlagen" („not only a trifling, but a base and selfish disposition)[9]. Wer in solcher Weise von der Selbstsucht spricht, wer einzelne Menschen wegen Selbstsucht tadelt, der hat gewiß nicht die Meinung gehabt, die Selbstsucht sei neben dem Geschlechtstrieb das einzige Motiv für den Menschen.

[1] Theorie der sittlichen Gefühle, Bd. I, S. 338. Oncken, Das Adam-Smith-Problem (Zeitschrift für Sozialwissenschaft 1898, S. 104).

[2] Theorie der sittlichen Gefühle, Bd. I, S. 367, S. 403: „Die Sympathie kann nie als ein selbstisches Prinzip betrachtet werden".

[3] Zeyß, Adam Smith und der Eigennutz, S. 19. Oncken, Das Adam-Smith-Problem, S. 101 ff. Ähnlich Pesch, Bd. I, S. 260.

[4] Theorie der sittlichen Gefühle, Bd. II, S. 142.

[5] Vgl. auch Hasbach, Untersuchungen, S. 396. Held, Zwei Bücher, S. 159.

[6] Wealth of Nations, S. 60.

[7] Wealth of Nations, S. 64.

[8] Wealth of Nations, S. 260.

[9] Stöpel II, S. 103. Wealth of Nations, S. 269.

Und zu allem hin wird das Wohlwollen gleich am Anfange des ersten Buches ausdrücklich erwähnt [1]. Gewiß ist es aber richtig, daß Adam Smith dem Selbstinteresse gerade im Wirtschaftsleben eine besonders wichtige Rolle einräumt [2], auch daß er es im „Volkswohlstand“ sehr stark betont hat [3]. Das konnte er sich um so mehr leisten, als er ja in seinem früheren Werk jedem Trieb seine Stellung angewiesen hatte: Eigenliebe und Wohlwollen stehen da nebeneinander.

Sieht man genauer zu, so mag man freilich erkennen, daß trotz allen Beteuerungen im tiefsten Grunde doch die Selbstliebe das treibende Motiv ist, daß von ihr auch die „wohlwollenden“ Triebe gespeist werden. Das hat schon Adam Smith' Kommentator Kosegarten gemerkt [4]. Damit ist die Existenz des Wohlwollens und seine etwaige Bedeutung für das Wirtschaftsleben aber natürlich nicht geleugnet.

Der Trieb, von dem weiterhin die menschlichen Schicksale gelenkt werden, ist der Geschlechtstrieb. Er erscheint nach Adam Smith in seinen Wirkungen, wenigstens bei den unteren Klassen, allgewaltig. Bei den oberen Klassen hat Smith allerdings die Beobachtung gemacht, daß die Kindererzeugung eine geringere ist [5]; aber die arme Bevölkerung hat notwendig die Tendenz, sich im Verhältnis zu den Unterhaltsmitteln zu vermehren. Die Nachfrage nach Menschen regelt notwendig auch die Erzeugung der Menschen [6]. An die Möglichkeit, daß die Bevölkerung durch Enthaltsamkeit, durch Vorsicht in Eheschließung und Kindererzeugung ihr Wachstum selbst reguliere, wie es später Malthus, Ricardo, J. St. Mill und viele andere gefordert haben, scheint Smith nicht zu denken. Vielleicht hielt er sie für ausgeschlossen. Wir werden bei Besprechung der genannten Autoren sehen, daß Smith den Geschlechtstrieb nicht ganz richtig aufgefaßt hat; er sieht ihn und die durch ihn bedingte Vermehrungstendenz zu mächtig und zu gleichmäßig.

So bemerken wir, daß die Menschen bei Adam Smith zwar in erster Linie von zwei Trieben geleitet werden, vom Selbstinteresse und dem in seinen Augen vielleicht noch mächtigeren Geschlechtstrieb, den er den von Natur wütigsten von allen nennt [7]; wenn diese, speziell das Selbstinteresse, mehr

---

[1] Wealth of Nations, S. 11; Zeyß, S. 88 ff.

[2] Zeyß, S. 61 ff. Vgl. die eben zitierte Stelle Wealth of Nations, S. 11.

[3] Vgl. Zeyß, S. 87, 88.

[4] Theorie der sittlichen Gefühle, Bd. I, S. 405. Pesch, Bd. I, S. 264; vgl. auch Hildebrand, S. 7, Anm. 1.

[5] Wealth of Nations, S. 61.

[6] Wealth of Nations, S. 62.

[7] Theorie der sittlichen Gefühle, Bd. I, S. 42. Vgl. Brentano, Die klassische Nationalökonomie, S. 4, 8.

in den Vordergrund treten, als wir heute es für richtig ansehen, so liegt das unzweifelhaft an einer Überschätzung dieser Triebe vonseiten Adam Smith'. Aber wir dürfen nicht vergessen, daß Adam Smith die anderen Motive auch kennt und berücksichtigt.

Etwas anderes ist die Frage: Welche Stellung nehmen alle diese Motive in dem von Adam Smith geschilderten Mechanismus der Lohnschwankungen ein? Sie wird dahin zu beantworten sein, daß in diesem Mechanismus Selbstinteresse und Geschlechtstrieb die wesentlichen, und zwar die einzigen wesentlichen Motive sind; denkt man sich eines von ihnen weg, so könnten die Lohnschwankungen nicht nach dem Smithschen Schema vor sich gehen. Die anderen Motive sind zwar vorhanden, aber für den Gang nicht wesentlich; sie sind vergleichbar mit Reibungs- und Luftwiderstand oder mit dem Rost, der an der Maschine frißt. Ihre Erwähnung und Besprechung ist vor allem notwendig für den, der ein Bild von der Wirklichkeit geben will.

Nicht zu leugnen ist, daß die Verschiedenheit der Menschen ihrer Anlage nach bei Adam Smith, entsprechend dem Geiste seiner Zeit, sehr gering eingeschätzt wird [1]. In gewissem Zusammenhang mit dieser Anschauung steht die Ansicht, nach welcher jeder Mensch selbst am besten erkennt, was sein Vorteil heischt [2]. Sie ist aber unserem Autor nicht in vollem Umfang zuzuschreiben. Wenigstens beschreibt Smith eingehend die übliche Überschätzung der Gewinnchancen bei manchen Berufen [3] und weist auch sonst auf die Unwissenheit der Menschen über ihr wahres wirtschaftliches Interesse hin [4]. Seine Personen handeln durchaus nicht stets nach dem wirtschaftlichen Prinzip. Da wird von Leichtsinn und Unbeständigkeit der menschlichen Natur gesprochen, aber auch von der Schwerfälligkeit, durch die der an der Scholle klebende Mensch vom Erwerbe eines höheres Lohnes abgehalten wird [5]. Die Bedeutung des Herkommens, der Volksgebräuche und Gewohnheiten ist auch Adam Smith nicht unbekannt; er führt sogar ein klassisches Beispiel dafür an [6]. Und wenn bei der Wahl der Kapitalsanlage der Mensch der Landwirtschaft den Vorzug gibt, so treibt ihn nicht nur die Aussicht auf sicheren Gewinn dazu an, sondern auch die Schönheit der Gegend, die

---

[1] Wealth of Nations, S. 12.

[2] vgl. Brentano, die klassische Nationalökonomie, S. 4. Namentlich die Ausführungen Wealth of Nations, S. 77, sind scheinbar geeignet, Brentano Recht zu geben.

[3] Wealth of Nations, S. 83 ff.

[4] So Wealth of Nations, S. 101.

[5] Wealth of Nations, S. 58.

[6] Wealth of Nations, S. 92, 93.

Freuden des Landlebens und die Ruhe des Gemüts sind für ihn Beweggründe [1]. Immerhin aber wird das wirtschaftliche Prinzip von den Smithschen Menschen doch in höherem Grade befolgt als es wohl tatsächlich der Fall ist.

Daß die Interessen der verschiedenen Klassen immer die gleichen seien, oder daß das Privatinteresse stets mit dem öffentlichen zusammenfalle, hat Smith nicht gelehrt; vielmehr sprechen viele Stellen gegen eine solche Auffassung [2].

Wir haben jetzt gesehen, wie der Mensch beschaffen ist, den der Verfasser des „Volkswohlstandes" sich als Objekt seiner Lohntheorie vorstellt. Nun gilt es zu untersuchen, auf welche Zeiten und Wirtschaftsformen sich diese Theorie erstreckt. Hat Adam Smith damit ein für alle Zeiten und Verhältnisse gültiges System aufstellen wollen, oder galt seine Theorie nur für die damalige Zeit, oder war sie berechnet für ein erträumtes Zukunftsideal vollkommener wirtschaftlicher Freiheit? Einen Anhaltspunkt für die Beantwortung dieser Fragen finden wir gleich im Beginn des Kapitels über den Arbeitslohn [3]: Hier wird der „original state of things" als ein Zustand beschrieben, in welchem es zwar weder Bodenaneignung noch Kapitalienansammlung, wohl aber Privateigentum und auch Tausch [4] geben konnte. In dieser Zeit gehörte das ganze Arbeitsprodukt dem Arbeiter, der für sich, nicht für einen Meister arbeitete. Dabei kann man nicht von einem eigentlichen Arbeitslohn im Sinne des jetzigen Sprachgebrauchs reden. Bedingung für diesen ist vielmehr, daß die Arbeit von Kapital und Grundbesitz getrennt sei, mit anderen Worten, daß den mehr oder weniger besitzlosen Arbeitern die Kapitalisten gegenüberstehen. Aber auch wenn der Boden im Privateigentum sich befindet und Kapitalien angesammelt sind, kann man nicht immer von einer eigentlichen Lohnfrage sprechen; sie kommt z. B. bei der Sklavenarbeit nicht in Betracht. Es mußte vielmehr der — wenigstens bis zu einem gewissen Grade — freie Arbeiter vorhanden sein.

Ein freier Arbeiter und ein Arbeitslohn kann aber unter recht verschiedenen Wirtschaftssystemen vorkommen. Soll nun für alle diese Systeme die Smithsche Lohntheorie gelten? Wir finden darüber Aufklärung vor allem in Kapitel 10, Teil 2 des ersten Buches [5]. Da stellt Adam Smith die Ungleichheiten im Lohn — also die Abweichungen von seiner Theorie — zusammen, welche durch die europäische Wirt-

---

[1] Wealth of Nations, S. 291, 292.

[2] Zusammengestellt bei Knies, Die politische Ökonomie, S. 224 ff. Zeyß, S. 99 ff.

[3] Wealth of Nations, S. 49.

[4] Diesen allerdings nur selten, vgl. Wealth of Nations, S. 207.

[5] Wealth of Nations, S. 93 ff.

schaftspolitik seiner Zeit veranlaßt sind. Solche Abweichungen werden einmal hervorgebracht durch Maßregeln, welche eine Verringerung der Konkurrenz bezwecken und somit lohnsteigernd wirken, also vor allem die Zunftstatuten [1] mit ihrer Beschränkung der Lehrlingszahl, mit ihrer langen Lehrzeit und anderen Bestimmungen; in ähnlicher Richtung wirken die Zölle [2]. Andere Maßregeln vermehren wieder die Konkurrenz; sie wirken also lohnmindernd. Dahin gehört besonders die unentgeltliche Ausbildung für einen Beruf, wie sie namentlich den Geistlichen zuteil wird [3]. Endlich wird die Bewegungsfreiheit und somit das Zuströmen der Arbeiter nach der besten Arbeitsgelegenheit in höchstem Maße durch die englische Armengesetzgebung verhindert [4].

Alle diese Maßregeln wirken der natürlichen Preisbildung auf dem Arbeitsmarkt entgegen, indem sie in künstlicher Weise das Angebot senken oder heben. Daß Adam Smith sie im Zusammenhang mit seinem ganzen individualistischen System verwirft, ist leicht begreiflich [5]. Übrigens steht er bekanntlich dem Staat und seiner Einflußsphäre noch viel freundlicher gegenüber als Ricardo oder gar die Manchesterleute.

Man muß aber nun nicht glauben, daß unter der Herrschaft solcher Maßregeln die Lohngesetze zu wirken aufhören. Ihre Ursache bleibt ja bestehen; die Maßregeln, die der Staat ergreift, können höchstens die Wirkungen bis zu einem gewissen Grad oder ganz kompensieren. In vollem Maße werden allerdings die Lohngesetze nur in einem wirtschaftlich freien Staate sich auswirken.

Weiterhin ist zu untersuchen, auf welche Klassen von Arbeitern Adam Smith seine Lohntheorie ausgedehnt wissen will. Im achten Kapitel spricht er ziemlich allgemein von Arbeitern; sollte Smith, der scharfsinnige Beobachter, seine Ideen über Existenzminimum und Bevölkerungsvermehrung auch auf die höchstqualifizierten Arbeiter angewendet wissen wollen, oder sollte er überhaupt keine Unterschiede zwischen den verschiedenen Lohnklassen kennen? Das zehnte Kapitel bringt die Lösung. Er leitet es ein mit der seinem individualistischen System entsprechenden, verblüffend einfachen Bemerkung, daß im ganzen die Vor- und Nachteile

[1] Wealth of Nations, S. 93. Die Zunftgesetze können aber unter Umständen auch lohnmindernd wirken. Ebenda S. 48.

[2] Wealth of Nations, S. 101.

[3] Wealth of Nations, S. 103 ff.

[4] Wealth of Nations, S. 108 ff.

[5] Doch macht er auch Ausnahmen, so, wenn er die Ansicht äußert (S. 106), daß die Überfüllung der gelehrten Berufsarten wegen der Stiftungen und der dadurch verursachte niedrige Lohnsatz eher vorteilhaft als schädlich für die Allgemeinheit sei.

bei den verschiedenen Verwendungen von Arbeit in der nämlichen Gegend entweder ganz gleich sein müssen oder doch beständig nach Ausgleichung streben, wenigstens in einer Gesellschaft, in der vollkommene Freiheit waltet. Denn wäre eine Arbeit günstiger gestellt, so würden sich sofort so viele Leute dazu drängen, daß ihre Vorteile bald auf das Niveau der übrigen kämen [1].

Aber die Gesamtheit der Vor- und Nachteile einer Arbeit liegt nicht nur im Lohn begründet; viele andere Umstände gehören da noch dazu, die Adam Smith mit großem Scharfsinn zusammengetragen hat; so führt er an [2]:

1. Die Annehmlichkeit oder Unannehmlichkeit der Geschäfte selbst: Je unangenehmer eine Arbeit, desto größer muß das Entgelt sein.
2. Die Leichtigkeit und Wohlfeilheit oder die Schwierigkeit und Kostspieligkeit, sie zu erlernen.
3. Die Beständigkeit oder Unbeständigkeit der Arbeit in ihnen.
4. Das geringe oder große Vertrauen, das man auf die Leute setzen muß, die das Geschäft ausüben.
5. Die Wahrscheinlichkeit oder Unwahrscheinlichkeit eines Erfolges in ihnen.

Durch alle diese fünf Umstände sollen die Arbeiter der einen Kategorie denen der anderen in der Gesamtheit der Vor- und Nachteile gleichgestellt sein. Doch geht diese Gleichstellung von verschiedenen Gesichtspunkten aus und hat bald die Individuen, bald die Klassen vor Augen. So kann man bei Punkt 1 wohl sagen, das einzelne Individuum der Arbeiterkategorie, welche bei größerer Beschwerde höheren Lohn erhält, sei den Individuen der Kategorie gleichgestellt, welche bei minderer Beschwerlichkeit niedrigeren Lohn erhält. Schon in viel geringerem Maße läßt sich dies bei den folgenden zwei Punkten sagen, ganz und gar nicht aber von Punkt 4 und 5.

Punkt 5: Die Wahrscheinlichkeit oder Unwahrscheinlichkeit eines Erfolges. Ist ein Erfolg in dem betreffenden Gewerbe unwahrscheinlich, gibt es also viele, die ihr Ziel nicht erreichen, so müßte eigentlich der Lohn derer, die ihr Ziel erreichen, nicht nur ihre eigenen aufgewandten Mühen und Kosten decken, sondern auch die der anderen, welche das Ziel nicht erreicht haben. Weil freilich die Gewinnchancen von den Menschen meist zu hoch eingewertet werden, beträgt der Lohn der glücklichen Gewinner faktisch nicht so viel, aber doch jedenfalls bedeutend mehr, als bei einem Berufe, in dem im allgemeinen jeder sein Ziel erreicht. Daher erklärt sich z. B. die Höhe der

---

[1] Wealth of Nations, S. 76—77.
[2] Wealth of Nations, S. 77.

Anwaltsgebühren [1]. Hier will Smith natürlich nicht sagen, daß der einzelne Rechtsanwalt in der Gesamtheit der Vor- und Nachteile dem einzelnen Schuster gleichgestellt sei, sondern daß die Klasse der Rechtsanwälte und derer, die Rechtsanwälte hätten werden wollen, es aber nicht dazu gebracht haben, der Klasse der Schuster gleichzustellen sei. Man wird diese Gleichstellung heute kaum mehr gelten lassen; noch mehr aber wird es uns befremden, daß Adam Smith unter Punkt 4 die Schwankungen des Arbeitslohns je nach dem geringeren oder größeren Vertrauen anführt, das in den Arbeiter gesetzt werden muß [2]. Es ist ja freilich psychologisch nicht unbegreiflich, daß man einem Vertrauensmann eine größere Belohnung zuteil werden läßt, ebenso daß man einem schon wohlhabenden Mann leichter seine Schätze anvertraut als einem armen Teufel, der nichts zu verlieren hat. So läßt sich allerdings die Ungleichheit im Lohn erklären; unerfindlich aber ist es, wie Smith darin eine Gleichheit in der Gesamtstellung finden kann, daß der eine den höheren Lohn und das Vertrauen, der andere keines von beiden besitzt [3]. Wir sehen also, daß die Behauptung von der Gleichheit der Vor- und Nachteile nicht als erwiesen angenommen werden kann. Im letzteren Falle sind es sogar ganz unzweifelhaft nicht bloß die Individuen, sondern auch die Klassen, die ungleich gestellt sind.

Aber selbst wenn wir Adam Smith in dieser seiner Behauptung von der Gleichheit folgen wollten, hätten wir noch andere Umstände zu berücksichtigen, unter denen nach ihm selbst auch bei vollster wirtschaftlicher Freiheit diese Gleichstellung nicht eintritt [4]: So wird unter sonst gleichen Umständen der Arbeitslohn in neuen Gewerben in der Regel höher sein als in alten. Ferner kann die Gleichheit nur im gewöhnlichen, sozusagen natürlichen Zustand Platz greifen. Deshalb steigt der Lohn der Matrosen zu Kriegszeiten mit der Nachfrage, und in einem verfallenden Gewerbszweige sind umgekehrt oft besonders niedrige Löhne anzutreffen. Endlich sind außerordentlich niedrige Löhne oft da zu finden, wo die betreffende Arbeit nicht die volle Zeit des Arbeiters in Anspruch nimmt, also eine Art Nebenbeschäftigung ist — ein Grund, der heute noch bei der Hausindustrie vielfach hervortritt.

So zutreffend diese Beobachtungen aber auch sein mögen, wir können sie als Ausnahmen betrachten und zu den fünf

---

[1] Wealth of Nations, S. 82.

[2] Wealth of Nations, S. 81.

[3] Mit Recht spricht J. St. Mill hier von einer natürlichen Monopolstellung (Principles of political economy, S. 236). Ähnlich von Hermann, Staatswirtschaftliche Untersuchungen, S. 479.

[4] Wealth of Nations, S. 89 ff.

Umständen zurückkehren, durch die nach Adam Smith die Gleichheit in der Gesamtheit der Vor- und Nachteile nicht geändert wird. Wenn wir auch diese Gleichheit zum Teil bestreiten müssen, so sehen wir doch aus der ganzen Aufstellung — und das ist hier wichtig —, wie sehr Smith die Verschiedenheit der Lohnsätze kannte, und wie er davon überzeugt war, auch in einem wirtschaftlich freien Staate würde es eine lange Stufenleiter verschiedener Lohnsätze geben [1]. Auf welche Lohnklassen bezieht sich nun aber seine Lohntheorie?

Auf Seite 53 spricht Adam Smith allgemein von denen, die vom Lohn leben, und er nennt da Arbeiter, Gesellen, Dienstboten aller Art. Er pflegt seine Beispiele aus Stadt und Land zu nehmen, berücksichtigt qualifizierte und unqualifizierte Arbeit. Eine Klasse von Arbeitern muß aber besonders hervortreten: die unterste Schicht [2]. Denn der so wichtige Faktor, das Existenzminimum, berührt, im allgemeinen wenigstens, direkt nur diese. In ihren Reihen vor allem werden Mangel, Hunger und Sterblichkeit wüten, bis das Angebot gemindert ist. Freilich ergreifen diese Wirkungen auch die anderen Klassen. Denn wenn das Angebot steigt, die Nachfrage gleichbleibt oder gar fällt, so werden eben immer mehr Angehörige der oberen Lohnklassen in tiefere sinken, bis zum Existenzminimum. Das Elend der untersten Schichten wird sich auch in den höheren Schichten verbreiten [3]. Doch das bedeutungsvollste Glied bleibt immer die unterste Schicht.

Wenn wir aber nun fragen, welches diese unterste Schicht ist, so finden wir bei Adam Smith keine ganz deutliche Antwort. Wohl sagt er an einer Stelle, daß die europäische Gewerbepolitik die Arbeit aller Künstler, Handwerker und Fabrikarbeiter als gelernte Arbeit betrachte und die der ländlichen Arbeiter als gemeine Arbeit (common labour) [4]. Er spricht auch vom „gemeinen Arbeiter" im Gegensatz zu den anderen eben genannten Kategorien und sagt, daß in Europa der Lohn der letzteren, das ist der städtischen Arbeiter, etwas höher ist als der der ersteren, d. h. der ländlichen Arbeiter. Trotzdem glaube ich, daß Smith unter der untersten Schicht

[1] Es ist aus dem Vorhergehenden wohl ohne weiteres ersichtlich, wie unrichtig Brentanos allgemeine Behauptung (Die klassische Nationalökonomie, S. 11) ist, die klassische Nationalökonomie setze eine einheitliche Arbeiterklasse voraus. Auch Schönberg (Artikel „Arbeitslohn" im Handwörterbuch der Staatswissenschaften, 2. Auflage, Bd. I, S. 868) wirft der „physiokratisch-Smithschen" Richtung vor, die Existenz vieler Lohnklassen sei von ihr nicht beachtet worden.

[2] In einer Stelle (Wealth of Nations, S. 686) bezieht Smith sich speziell auf die „inferior classes of workmen" für die Geltung seiner Lohntheorie.

[3] Ausgeführt hat dies Adam Smith nur für den Fall der abnehmenden Fonds. Wealth of Nations, S. 56.

[4] Wealth of Nations, S. 78.

die jeweils in der betreffenden Umgebung am schlechtesten bezahlte meint, also nicht nur die ländlichen Arbeiter, sondern auch die schlechtest entlohnte Klasse der städtischen Arbeiter. Denn unter den Beispielen, die er bringt, finden sich unterschiedslos bald städtische, bald ländliche Arbeiter der untersten Klasse. Er vergleicht auch eigens den Preis gemeiner Arbeit in Städten und auf dem Lande [1]. Also kann er darunter nicht bloß die ländliche Arbeit verstehen. So jedenfalls in England. Was Adam Smith in anderen Ländern unter der untersten Schicht versteht, darüber spricht er sich nicht aus. Er scheint aber auch Selbständige mitunter einzurechnen [2]. Sie können ja unter Umständen ebenfalls zur untersten Klasse der „labouring poors" gehören. Das ist dann freilich, streng genommen, nicht mehr „Lohntheorie". Jedenfalls sehen wir, daß, wenn auch die unterste Schicht der Arbeiter in Adam Smith' Theorie eine besondere Rolle einnimmt, sie doch nicht allein von dieser Theorie betrachtet wird. Vielmehr will unser Autor alle von ihr umfaßt wissen, die von ihrem Lohn leben [3]. Die in späteren Kapiteln so scharf geschiedene produktive und unproduktive Arbeit sind hier ebenfalls gleichgestellt, wie aus zahlreichen Beispielen erhellt.

Haben wir somit gesehen, wie nach Adam Smith die Preisbildung auf dem Arbeitsmarkt vor sich geht, unter welchen Wirtschaftssystemen sie möglich ist, inwieweit alle Klassen der Arbeiter von den Lohngesetzen ergriffen werden, so ist schließlich noch festzustellen, welche lokale Ausdehnung der Arbeitsmarkt bei Smith hat. Da sehen wir zunächst, daß Smith an einen internationalen Arbeitsmarkt nicht denkt. Es kommt ihm gar nicht in den Sinn, daß z. B. die verhungernden Chinesen mit ihren ärmlichen Löhnen den amerikanischen Arbeitsmarkt beeinflussen könnten. Die Einflüsse, von denen er spricht, machen sich zumeist innerhalb eines Staates, eines Volkes geltend, und so faßt er auch meistens ein Volk, ein Land zusammen, spricht von China im Gegensatz zu Nordamerika, von England, von Frankreich usw. Aber trotzdem kann man eigentlich bei Adam Smith auch nicht von einem nationalen Arbeitsmarkt sprechen. Die Preisbildung vollzieht sich vielmehr gesondert nach viel kleineren Wirtschaftsgebieten; am besten erhellt dies aus den Stellen, wo Smith verschiedene Arbeitslöhne für die verschiedenen

[1] So Wealth of Nations, S. 57. 58.

[2] So Wealth of Nations, S. 55, wo Smith über die chinesischen Handwerker spricht.

[3] „Those, who live by wages", Wealth of Nations, S. 53. Wer noch von etwas anderem zu leben hat, für den gilt die Ausnahme S. 91; vgl. Oppenheimer, Theorie, S. 411.

Gegenden Englands und Schottlands anführt [1]. Innerhalb weniger Meilen fällt der Lohn von 10 auf 8 Pence. Und der Grund: Keine Last ist so schwer von der Stelle zu bringen als der Mensch [2]. Adam Smith kennt also eigentlich einen Arbeitsmarkt nur für ein recht enges Gebiet. Damit steht natürlich nicht in Widerspruch, daß sehr viele Einflüsse auf das ganze Land, ja darüber hinaus, wirken und die Löhne beeinflussen.

Zusammengefaßt ergibt sich: Adam Smith' Lohntheorie gilt in erster Linie für den Zustand des freien Arbeitsvertrags, und zwar am vollsten in einem Lande vollständiger wirtschaftlicher Freiheit, wie es das Ideal der Klassiker war. Doch gäbe es auch in einem solchen Lande Ausnahmen. Die Theorie bezieht sich auf alle Klassen von Lohnarbeitern, mit besonderer Berücksichtigung der untersten Schicht. Die einheitliche Preisbildung erfolgt nur für ein ziemlich eng begrenztes Gebiet; doch gibt es viele Einflüsse, die gleichmäßig über das ganze Land hin auf den Arbeitsmarkt wirken.

---

[1] Wealth of Nations, S. 57, vgl. S. 77, wo die Gleichheit für die „same neighbourhood" ausgesprochen ist.

[2] Freilich denkt sich Smith diese Unbeweglichkeit zum Teil durch die englische Armen- und Ansässigkeitsgesetzgebung herbeigeführt (Wealth of Nations, S. 108 ff.); aber auch wo solche Bestimmungen fehlen, wechselt der Lohn nach Gegenden: Natürliche Grenzen scheiden die Lohnsätze deutlich voneinander. Wealth of Nations, S. 112.

II.

Das Lohnproblem bei Ricardo.

A. Allgemeines.

Nach der Mitte des 18. Jahrhunderts waren die wirtschaftlichen und politischen Bedingungen für das Entstehen des Fabriksystems gegeben; die technische Möglichkeit der Massenproduktion ließ nun auch nicht mehr lange auf sich warten. Sie ergab sich aus den Erfindungen, die in dem Moment auf der Bildfläche erschienen, da die Wirtschaftsverhältnisse ihrer bedurften: Als für den durch Erfindung der Schnellschütze verbesserten Webstuhl die Weber nicht genug Garn bekommen konnten, erfand man — sukzessive in mehreren Verbesserungen — die Spinnmaschine [1]; und als nun wieder die Produktivität der Weberei zu gering ward, vervielfältigte sie der mechanische Webstuhl. Die Heranziehung des Dampfes durch James Watt stellte eine neue Kraft auf den Plan; und die neueren Arbeits- und Kraftmaschinen zusammen begründeten die englische Industrierevolution [2]. Die Herstellung der großen Menge Eisen, das nunmehr benötigt wurde, ward möglich, da die Verwendung von Koks zur Eisenerzeugung völlig gelungen war.

Noch im 18. Jahrhundert hatten sich alle diese Erfindungen in der Hauptsache vollzogen; in stets zunehmendem Maße setzte nun die Massenproduktion ein; einen Fingerzeig gibt es, wenn wir hören, daß die Einfuhr von Rohbaumwolle nach England von 1760—1830 zu mehr als 70facher Quantität angewachsen ist [3]. Die Fabrikanten konnten in dieser Zeit gewaltig verdienen; aber auch für Grundbesitzer und Pächter waren die namentlich von 1790—1815 stark steigenden Lebensmittelpreise sehr günstig. Anders war es freilich mit den Arbeitern. Für sie hätten die steigenden Lebensmittelpreise nur dann keinen Nachteil bedeutet, wenn ihre Löhne entsprechend gestiegen wären. Davon ist aber im allgemeinen keine Rede. Wohl steigen die Nominallöhne in vielen Gewerben, doch meist nicht genügend. Weitaus am schlimmsten aber sind gerade die Gewerbe daran, in denen sich der Aufschwung vollzog. Denn der bestand ja darin, menschliche Arbeitskraft durch

[1] Vgl. Schmoller, Grundriß, Bd. I, S. 217.
[2] Steffen, Studien, Bd. II, S. 107.
[3] Steffen, Studien, Bd. II, S. 146.

Maschinen zu ersetzen; wozu früher viele Arbeiter erforderlich gewesen waren, das schaffte jetzt mit der neuen Maschine ein einziger. Es wurde Arbeitskraft überflüssig, und da die alten Lohnfestsetzungen fast überall außer Kraft waren, so sank der Lohn mit der sinkenden Nachfrage nach Arbeit. Er sank am meisten bei den Arbeitern, denen die neuen Erfindungen den Verdienst entzogen, also den Hausindustriellen; ihre Not, besonders die der Handweber, war entsetzlich; das Weberelend ist ja sprichwörtlich geworden. Aber auch die Löhne der in den Fabriken beschäftigten Arbeiter sind bis in die dreißiger Jahre des 19. Jahrhunderts, namentlich wenn man ihre Kaufkraft in Rechnung zieht, gesunken. Wenn es z. B. vorkam, daß der Handweber von feinem Cambric, der 1798 noch 21 Shillings 6 Pence wöchentlich verdiente, im Jahre 1817 auf 7 Shillings herabgesunken war [1], so ist der Ausspruch eines neueren Forschers wohl verständlich, vom Ende des 18. bis Mitte des 19. Jahrhunderts habe ein Arbeiterelend geherrscht, „wie es die Welt vielleicht noch nicht gesehen hatte“ [2]. Nur ein scheinbarer Gegensatz dazu, tatsächlich aber eine Folge von der Überflüssigmachung so vieler Arbeiter war es, daß die noch beschäftigten Arbeiter zu immer verlängerten Arbeitstagen angetrieben wurden [3]. Sie waren eben bei dem ungeheuren Überangebot von Händen ganz dem Kapital ausgeliefert. Die Maschine beschäftigte nicht nur eine geringere Anzahl von Arbeitern, sondern sie machte auch die handwerkliche Geschicklichkeit und Kraft überflüssig. So konnte der Fabrikherr schwächere und billigere Arbeitskräfte einstellen: Weiber, Jugendliche, Greise, Kinder, alles muß jetzt produzieren, während der eigentliche Ernährer der Familie am schwersten entsprechende Arbeit findet. War zu Adam Smith' Zeiten die Kinderarbeit in der milderen Form der Hausindustrie aufgetreten, so entfaltete sie erst jetzt in der Fabrik alle ihre Schrecken. Und seit die Industrie mit Dampf arbeitete und nicht mehr den Wasserläufen zu folgen brauchte, wurde die Arbeiterschaft in steigendem Maße in den großen Städten zusammengepfercht.

Das etwa waren die Zustände in der Arbeiterwelt, als Ricardo seine „Principles of Political Economy and Taxation“ im Jahre 1817 zum ersten Male erscheinen ließ. Freilich dürfen wir nicht erwarten, darin viel Belege für jene Schreckenszeit der Arbeiter zu finden. Nicht nur, daß Ricardos Abstraktionsmethode dies verhinderte — es lag den Schriftstellern damaliger Zeit überhaupt nicht in der Feder, sich allzuviel um das Elend des arbeitenden Volkes zu kümmern.

[1] Steffen, Studien, Bd. II, S. 20.
[2] v. Nostitz, S. 13.
[3] Marx, Kapital, Bd. I. S. 601.

Ricardo war gewiß ein wohlmeinender Mann und wünschte das Beste für sein ganzes Volk; die Vorwürfe Helds, es sei unter seiner Hand, „die rechtgläubige Nationalökonomie zu einer gefügigen Dienerin der ausschließenden Interessen des mobilen Kapitals" geworden, sind zu weitgehend [1]; aber den Kapitalistenstandpunkt ist Ricardo doch zeitlebens nicht ganz los geworden. Immerhin ist es auf die Lage der Arbeiterwelt zurückzuführen, wenn Ricardos Lohntheorie in einem düsteren Ton gehalten ist — dieser Ton ist viel pessimistischer als seine Lohngesetze selbst.

Das Bevölkerungsgesetz, auf dem Ricardos Lohntheorie ruht, geht bekanntlich auf Malthus zurück. Dieser Autor hat seinen „Essay on the principle of Population" schon 1798 erstmalig erscheinen lassen; war auch das große Arbeiterelend damals erst an seinem Beginn, so wird doch sicher der Blick auf dasselbe die Malthussche Bevölkerungslehre mit angeregt und beeinflußt haben. Das Gesetz, ohne welches die Ricardosche Lohntheorie nicht verständlich ist, lautet in seiner Quintessenz [2]:

a) Die Bevölkerung ist notwendig durch die Subsistenzmittel begrenzt.

b) Die Bevölkerung vermehrt sich stets, wo die Unterhaltsmittel sich vermehren.

c) Die Hemmnisse, welche die übermächtige Bevölkerungskraft zurückdrängen und ihre Wirkungen auf dem Niveau des Nahrungsmittelspielraums festhalten, sind sämtlich in sittliche Enthaltsamkeit, Laster und Elend auflösbar.

Aber Malthus begnügte sich nicht damit, Gesetze aufzustellen; er predigte vor allem den Arbeitern die Enthaltsamkeit von der Ehe: Aus wirtschaftlichen Gründen sollten sie weniger und später heiraten; denn so und nicht im Sinne des Zweikindersystems verstand es Malthus. Hat er damit etwas ganz Neues postuliert? Ich meine, er verlangte von dem neuen Stand der Proletarier nur, was die Besitzenden vielfach längst als selbstverständlich taten, und zwar weil es in deren Interesse lag. Besonders in der germanischen Grundbesitzerfamilie — seien es Bauern oder Adelige — konnten und wollten nur wenige Söhne — meist bloß einer — heiraten: Das Anwesen, das einer Familie die Nahrung bietet, läßt sich eben nicht so leicht für zwei fruktifizieren. Für den ohne weiteres teilbaren mobilen Besitz lagen die Gründe schon nicht so am Tage. Der Proletarier gar, der von seiner Hände Arbeit lebte, hatte — privatwirtschaftlich genommen — wenig Grund, nicht

---

[1] Held, Zwei Bücher, S. 176. Vgl. dazu Diehl, Erläuterungen II, S. 450 ff.

[2] Malthus, Bevölkerungsgesetz, Bd. I, S. 33. (Fassung nach der Anmerkung) vgl. Diehl, Bd. II, S. 63.

zu heiraten und Kinder hervorzubringen. Denn sein einziges Besitztum, seine Arbeitskraft, konnte an alle seine Kinder in gleicher Stärke, wie sie der Vater besessen, übergehen: Der Proletarier ist der einzige, der bei noch so vielen Kindern jedem genau so viel vermachen kann als er selbst besitzt, nämlich eine volle Arbeitskraft und ein Nichts an Gütern. Kostete auch die Aufziehung der Kinder Geld, so konnte sie dafür in der Blütezeit der Kinderarbeit auch etwas einbringen. So ist die schon von Adam Smith beobachtete Tatsache wohl erklärlich, daß gerade die tiefsten Schichten am meisten Kinder hervorbringen — natürlich spielen hier noch viele andere Ursachen mit. Da wird nun die Sorge der Sozialökonomen wohl begreiflich: sie sahen beim Heer der Proletarier eine durch kein augenfälliges privatwirtschaftliches Interesse gehemmte Vermehrungstendenz und erkannten die rauhe Selbsthilfe der Natur gegen Übervölkerung. Wollte man diese vermeiden, so mußte den arbeitenden Massen klargemacht werden, daß in letzter Linie die Beschränkung der allgemeinen Vermehrungstendenz auch im Interesse des Arbeiters liege. Das war freilich nicht leicht, so lange der Arbeiter wirklich Proletarier blieb; es machte sich aber von selbst, sowie der Arbeiter begann ein Besitzender zu werden. Und wir müssen heute unsere Besorgnis viel mehr nach der Richtung des Neomalthusianismus wenden, der, vom alten Malthus nicht mehr als den Namen tragend, unser Volk in seinen Wurzeln zu vergiften droht.

Die Theorien der Bevölkerungslehre gehören zu den wenigen nicht ganz rein ökonomischen Gedankengängen, deren Einfluß sich in Ricardos Principles äußert. Im allgemeinen bieten diese die reine Ökonomie. Wenn gerade im England der klassischen Zeit so vielfach die Nationalökonomen auch Philosophen und umgekehrt die Philosophen auch Nationalökonomen waren — es sei nur an Adam Smith, Hume, Bentham, die beiden Mill erinnert —, so hat der Bankier Ricardo im Gegensatz dazu bloß Nationalökonomisches produziert. Das soll kein Vorwurf sein: er spielte nur ein Instrument, aber das mit Meisterschaft. In der Philosophie war Bentham, der Utilitarier, seine Autorität [1]. Gleich ihm ist sein Ziel das größte Glück der größten Zahl, und was nützlich ist, das ist gut. Er wird nicht der Ansicht gewesen sein, daß das wirtschaftliche Interesse das einzige Motiv für das menschliche Handeln bilde, aber sicher hat es bei ihm eine sehr große Bedeutung. Das Selbstinteresse überhaupt aber liegt für Bentham und sicher auch für Ricardo allem zugrunde [2]. Aller Wohl wird am besten erreicht,

[1] Diehl, Bd. II, S. 461 ff.

[2] Held, Zwei Bücher, S. 246 ff., besonders 270.

wenn jeder möglichste Freiheit zur Durchsetzung seiner eigenen Interessen hat. Man wußte damals nur vom Segen der freien Konkurrenz und hatte keine Ahnung davon, daß volle Freiheit und Gleichheit sich mit einander schlecht vertragen. So war Ricardo natürlich Individualist und steht dem Staat viel kühler gegenüber als Adam Smith, aber immerhin nicht so ablehnend wie die Manchesterleute [1].

Ricardo starb schon 1823. Seine Grundsätze aber wurden von den verschiedensten Richtungen — Liberalen und Sozialisten — für sich ausgebeutet, und wir werden im folgenden sehen, wie besonders Karl Marx in ökonomischer Hinsicht auf Ricardo fußt.

B. Darstellung der Lohntheorie.

Ricardos Lohntheorie unterscheidet sich wesentlich von der des Adam Smith. Als Basis stellt er Definitionen vom natürlichen und vom Marktpreis der Arbeit auf. Ersterer ist der Durchschnittslohn für längere Zeitperioden; es ist der Lohn, der „notwendig ist, um die Arbeiter, einen mit dem anderen, instand zu setzen, zu bestehen und ihr Geschlecht fortzupflanzen, ohne Vermehrung oder Verminderung" [2]. — Dieser Betrag ist vom Existenzminimum wohl zu unterscheiden; denn er ist abhängig von den Sitten und Gebräuchen des Volkes; er kann derart beschaffen sein, daß den Arbeitern verschiedene Genüsse und Behaglichkeiten ermöglicht sind [3]; wesentlich ist nur, daß durch ihn die Bevölkerung in derselben Höhe erhalten wird. Deshalb sollte man ihn aber auch nicht als „gewohnheitsmäßiges Existenzminimum" bezeichnen, wie es zuweilen geschieht [4]. Unter Existenzminimum kann man doch nur das zur Fristung des Lebens unbedingt Notwendige verstehen, also das, was man bisweilen auch das physische Existenzminimum nennt, und zwar ist es, wenn man vom einzelnen Arbeiter spricht, das für einen Menschen Notwendige; spricht man von der ganzen Arbeiterschaft, so ist es das zur Erhaltung dieser ganzen Klasse ohne Vermehrung oder Verminderung physisch Notwendige. In letzterem Fall kommen also vor allem noch Erziehungskosten hinzu. Solch ein Existenzminimum kann zeitlich keinen oder nur höchst unbedeutenden Veränderungen unterworfen sein: schließlich verhungerte im 15. Jahrhundert ebenso wie im 19., wer zu wenig Nahrungsmittel erhielt. Örtlich ergeben sich freilich die durch das Klima bedingten Unterschiede, besonders die geringeren Bedürfnisse

---

[1] Diehl, Bd. II, S. 471, 473.
[2] Baumstark, S. 66; Ricardo, Prinziples, S. 70.
[3] Ricardo, Principles, S. 74.
[4] Diehl, Bd. II, S. 4 ff.

der warmen Zone, die jedoch für Ricardos Lohngesetz kaum in Betracht kommen [1]. Wo aber der natürliche Arbeitslohn einen Betrag umfaßt, der dem Arbeiter allerlei Bequemlichkeiten ermöglicht, die in früheren Zeiten unserer Geschichte für Üppigkeiten gehalten wurden [2], da kann man unmöglich mehr von einem gewohnheitsmäßigen Existenzminimum sprechen Es handelt sich hier vielmehr um ein Minimum von Bedürfnissen, deren Befriedigung durch die Arbeiter gewohnheitsmäßig erfolgt, um ein gewohnheitsmäßiges Bedürfnisminimum, das beinahe, aber nicht ganz, mit dem sogenannten „gewohnten Klassenbedarf" [3] zusammenfallen dürfte. Damit ist auch die Bedeutung des Herkommens anerkannt [4].

Das eigentliche, das physische Existenzminimum wird von Ricardo nicht ausdrücklich erwähnt; trotzdem unterscheidet J. St. Mill mit Recht bei Ricardo zwei Minima, das „physische" und das „moralische" [5]. In letzterem erkennen wir unser gewohnheitsmäßiges Bedürfnisminimum. An ersteres denkt Ricardo wohl, wenn er als Beispiel eine Arbeiterbevölkerung anführt, die bereits so niedrig steht, „daß sie nicht tiefer sinken kann" [6], oder wenn er meint, daß „im allgemeinen den Arbeitern unter dem Namen Lohn mehr zukommt als der Betrag der unbedingt notwendigen Hervorbringungskosten" [7].

---

[1] „Der Mensch braucht im Süden weniger Fleisch und Fett, keine Spirituosen, wenig oder kein Heizmaterial; seine Wohnung ist leicht herzustellen, seine Kleidung so viel billiger". Schmoller, Grundriß, Bd. I, S. 132. Vgl. Ricardo, Principles, S. 74, Anm. 1, wobei aber nicht zu übersehen ist, daß besonders Torrens' letzter Satz vom gewohnheitsmäßigen Bedürfnisminimum spricht.

[2] Ricardo, Principles, S. 74. Siehe auch S. 400. Auf S. 104 ist es der gewohnte Anteil, „accustomed proportion", den die Arbeiter erhalten.

[3] Schönberg, Art. Arbeitslohn, Handwörterbuch der Staatswissenschaften, Bd. I, S. 874.

[4] Diese Bedeutung des Herkommens wird heute bald in derselben Richtung gesehen, also daß die Lebenshaltung durch das Herkommen bestimmt wird (Schönberg, Handwörterbuch der Staatswissenschaften, Bd. I, S. 874), bald in der entgegengesetzten, daß die Lohnziffer durch das Herkommen festgelegt ist und die Lebensführung sich nach ihr richtet. (Zwiedineck-Südenhorst S. 6).

[5] J. St. Mill, Principles, S. 209, 210.

[6] Baumstark, S. 73. Ricardo, Principles, S. 77. Wenn Zwiedineck-Südenhorst (S. 98) sagt, daß es für Ricardo kein Lohnminimum gebe, so kann man das nur insofern gelten lassen, als ja der Lohn unter Umständen unter das Existenzminimum sinken kann — allerdings nicht auf die Dauer —, das gewohnheitsmäßige Bedürfnisminimum aber im Laufe der Zeiten Veränderungen unterworfen ist.

[7] Baumstark, S. 316. Ricardo, Principles, S. 336, Anm. 1. Freilich liegt es nahe, namentlich wegen der Ähnlichkeit der Worte mit der Definition S. 70 den „Betrag der unbedingt notwendigen Hervorbringungskosten" (the absolutely necessary expenses of production) mit dem natürlichen Preis der Arbeit zu identifizieren; aber dann stünde der Satz in Widerspruch mit der Auffassung des fünften Kapitels.

Doch hat dieses Minimum bei Ricardo weniger Bedeutung als bei Adam Smith.

Dem natürlichen Preis der Arbeit gegenüber steht der Marktpreis, der durch Angebot und Nachfrage bestimmt wird, aber stets ein Streben hat, sich nach dem natürlichen Preis zu bilden [1]. Das Mittel, durch welches das Angebot bewegt wird, ist das Malthussche Bevölkerungsgesetz, das schon oben angeführt wurde. Aus ihm folgt nun allerdings nicht mit Notwendigkeit das Ricardosche Lohngesetz; hat ja doch Malthus selber, besonders in seinen „Principles", einen anderen Standpunkt vertreten, indem er vor allem auf die zur Unterhaltung der Arbeit bestimmten Mittel Wert legt, also den Lohnfondstheoretikern sich nähert, während er den natürlichen Arbeitslohn ganz anders als Ricardo definiert [2]. Aber man muß doch feststellen, daß aus der Malthusschen Lehre unzweifelhaft wenigstens die Tendenz der Löhne folgt, nach einem Minimum zu gravitieren; und so ist es denn durchaus nicht unlogisch, wenn Ricardo seine Theorie auf der Malthusschen Bevölkerungslehre aufbaut [3]. Unrichtig dürfte es sein, wenn Diehl [4] es für durchaus nicht notwendig hält, daß die Vertreter der Ricardoschen Lohntheorie die Ursache in einer Bevölkerungstendenz erblicken. Denn daß Ricardo eine solche Tendenz als wesentliches Element seiner Lehre ansieht, hat er doch wohl deutlich gesagt [5].

Das Herumpendeln des Marktpreises um den natürlichen Preis wird also bei gleichbleibenden Kapitalien durch gewohnheitsmäßiges Bedürfnisminimum einerseits, Vermehrungstendenz der Bevölkerung andererseits vermittelt. Ist der Marktpreis über dem natürlichen Preis der Arbeit, so folgt daraus Vermehrung der Bevölkerung, also Vermehrung des Angebots, daraus Sinken der Löhne, daraus Verminderung der Bevölkerung, weil die Löhne unter das Minimum gefallen sind, also verringertes Angebot, dem wieder ein Steigen der Löhne folgt [6]. Hier kann auch der Fall eintreten, daß das physische Existenzminimum in Wirksamkeit tritt: wenn nämlich die Zahl der Arbeiter dauernd nicht indirekt durch die

[1] Ricardo, Principles, S. 71.

[2] Malthus, Principles, S. 223 ff.; vgl. Diehl, Bd. II, S. 56. Salz, Beiträge, S. 22 ff., gibt eine ausführliche Darstellung der Malthusschen Lohntheorie.

[3] Vgl. Ricardo, Principles, S. 71. Malthus, Bevölkerungsgesetz, Bd. I, S. 28. Viel zu weit geht dagegen Oppenheimer, wenn er sagt (Theorie, S. 456), aus dem Malthusschen Bevölkerungsgesetz folge nach strenger Logik tatsächlich die Fixierung des Lohns auf das physiologische Minimum.

[4] Diehl, Bd. II, S. 53.

[5] Vgl. besonders Ricardo, Principles, S. 71, 140.

[6] Ricardo, Principles, S. 71, 144, 147.

niedrige Geburtenzahl, sondern direkt durch hohe Sterblichkeit vermindert wird. Dann steht nämlich das gewohnheitsmäßige Bedürfnisminimum auf gleicher Höhe mit dem Existenzminimum.

Ricardo ist aber nicht so einseitig, bloß die Angebotseite ins Auge zu fassen, er beschäftigt sich auch mit der Nachfrage. Die Nachfrage steigt, wenn das Kapital eines Landes zunimmt [1]. Es ist zu bemerken, daß Ricardo meist von Kapital („Capital") im allgemeinen spricht. Immerhin kennt er auch den Begriff des speziell für die Entlohnung der Arbeit bestimmten Fonds [2]. Ist er deshalb ein Lohnfondstheoretiker? Man kann ihn dazu zählen, muß aber dann fast alle Lohntheorien als Lohnfondstheorien bezeichnen. Ricardo betrachtete den „Lohnfonds" nicht als unübersteigliche Schranke für Lohnerhöhungen [3]. Und so ist es wohl richtiger, wenn man Ricardo nicht unter die Lohnfondstheoretiker rechnet; man wird sonst leicht dazu verführt, ihn einseitig zu beurteilen. So wundert sich z. B. Salz, daß Ricardo eine Steuer auf den Arbeitslohn nur vom Kapitalisten getragen werden läßt [4]. Hat man aber die Theorie vom natürlichen Arbeitslohn und Ricardos Wertlehre vor Augen, so erscheint diese Lösung als die vom Standpunkte des Autors allein konsequente.

Die nächste Folge einer Steigerung des Kapitals und somit der Nachfrage ist ein Steigen der Löhne; und da ein solches Steigen der Löhne nach Ricardo meist eine Bevölkerungsvermehrung zur Folge hat, wird der erhöhte Wohlstand in der Bevölkerung nicht lange dauern. Immerhin ist es möglich, daß in einer fortschreitenden Gesellschaft, wenn die Kapitalvermehrung allmählich und ständig ist, der Marktsatz des Lohnes auf unbestimmte Zeit hinaus ständig über dem natürlichen Satz stehen kann [5]. Aber Ricardo scheint doch diesen Fall als eine Ausnahme anzusehen, während Adam Smith es fast als das Normale betrachtet, daß der Lohn über dem Existenzminimum steht [6]. Trotzdem wäre es natürlich ganz unrichtig, wollte man etwa aus diesem Grund Ricardo als Pessimisten dem Optimismus seines Vorgängers gegenüberstellen. Denn wie schon gezeigt, ist ja das gewohnheitsmäßige Bedürfnisminimum, das den natürlichen Arbeitslohn bei Ricardo begründet, völlig verschieden vom physischen Existenzminimum, das den festen Punkt in Adam Smith' System abgibt. Ricardos natürlicher Arbeitslohn kann höher,

---

[1] Ricardo, Principles, S. 72, 75.
[2] So besonders Ricardo, Principles, S. 204, 379.
[3] Diehl, Bd. II, S. 67.
[4] Salz, Beiträge, S. 43, 44, besonders Anmerkung.
[5] Ricardo, Principles, S. 72.
[6] Wealth of Nations, S. 57 ff.

aber nicht wohl niedriger sein als das physische Existenzminimum [1]. Die Frage, ob er es für möglich halte, daß der Arbeitslohn dauernd über dem Existenzminimum stehe, würde Ricardo ganz sicher bejaht haben. Daher ist auch der Ausdruck „ehernes Lohngesetz" für Ricardos Lohntheorie wohl nicht recht angebracht. Man kann Lassalle [2], der ihn geprägt hat, vom Vorwurf der Ungenauigkeit nicht ganz freisprechen. Es ist überhaupt eine ungerechtfertigte Anschauung, zu meinen, nach der klassischen Nationalökonomie tanze der Lohnsatz allezeit um das „äußerste Minimum der Lebensnotdurft" herum [3]. Bei Ricardo speziell bewegt sich der Lohn um den natürlichen Lohnsatz, und dieser kann und wird fast immer über dem „äußersten Minimum der Lebensnotdurft" stehen.

Haben wir es bei Adam Smith abgelehnt, den Lohn von den Kosten analog dem Warenpreis herzuleiten, so können wir andererseits Ricardos Lehre als die Produktionskostentheorie des Arbeitslohns bezeichnen [4]. Nicht im Widerspruch damit steht es, wenn nach ihm in der natürlichen Entwicklung der Gesellschaft der Reallohn im allgemeinen ein Streben hat, zu sinken, weil das Angebot an Arbeitern schneller zunimmt als das Kapital [5]; denn dieses Sinken findet eben seine Grenze am natürlichen Arbeitslohn. Die sogenannte Paralleltheorie, d. h. die Lehre, daß die Arbeitslöhne für längere Zeiträume parallel mit den Getreidepreisen steigen und fallen — cheap bread, cheap labour; dear bread, dear labour — steht zunächst ganz im Einklang mit dem, was Ricardo über den natürlichen Preis der Arbeit sagt [6]. Aber dieses Steigen und Fallen ist für den Arbeiter nicht gleichgültig. Ricardo betont besonders, daß bei einer auf wachsender Bevölkerung beruhenden Erhöhung der Lebensmittelpreise die Löhne wohl erhöht werden, aber nicht in dem Maße, daß dadurch die Lage des Arbeiters eine gleiche bliebe; es werden vielmehr, obgleich die Geldlöhne steigen, die Reallöhne sinken [7]. Auf diese letztere Anschauung stützt sich die Konträrtheorie, d. h. die Lehre,

[1] Für die mehr optimistische Auffassung läßt sich auch die Stelle „Principles" S. 76 anführen, die allerdings auf den besonderen Fall eines mit Überfluß an fruchtbarem Boden begabten, früher schlecht und dann gut regierten Landes sich bezieht: „No increase in the population can be too great, as the powers of production are still greater".

[2] Lassalle, Offenes Antwortschreiben an das Zentralkomitee zur Berufung eines allgemeinen deutschen Arbeiterkongresses zu Leipzig (Reden und Schriften, neue Gesamtausgabe, Berlin 1893, Bd. II, S. 421).

[3] So Brentano, Die klassische Nationalökonomie, S. 12.

[4] Vgl. Ricardo, Principles, S. 373.

[5] Ricardo, Principles, S. 77.

[6] Ricardo, Principles, S. 70, 72, 92, 198, 276, 280; vgl. Diehl, Bd. II, S. 7.

[7] Ricardo, Principles, S. 77, 80.

daß Löhne und Lebensmittelpreise sich entgegengesetzt bewegen [1]. Man könnte die Sache auch so fassen: Bei steigenden Lebensmittelpreisen werden die Löhne, vom Standpunkt des Arbeitgebers aus gesehen, also seine Kosten, steigen: Parallelbewegung; vom Standpunkt des Arbeiters aus gesehen sinken sie: Konträrbewegung. Sowohl Arbeitnehmer als industrielle Arbeitgeber haben daher — im Gegensatz zu den Grundherren — ein Interesse an niedrigen Lebensmittelpreisen. Für längere Zeiträume wirkt aber jedenfalls die Parallelbewegung unter dem Einflusse des gewohnheitsmäßigen Bedürfnisminimums. Sie ist das Hervortretende bei Ricardo. Ein dauerndes („permanent") Sinken des Reallohnes wird von Ricardo ausdrücklich bestritten [2].

Übrigens ist es nicht ganz richtig, Ricardo vorzuwerfen, er habe unter den Bedürfnissen des Arbeiters nur das nach Nahrung, insbesondere das nach Getreide, beachtet [3]. Richtig ist vielmehr, daß er nur die Einflüsse der Getreidepreisschwankungen eigens dargestellt hat, weil er eben das Bedürfnis nach Nahrung als das wichtigste ansah [4] und er den Gegenstand vereinfachen wollte [5]. Daß auch die Steigerung des Preises anderer Bedürfnisbefriedigungsmittel Lohnsteigerungen verursachen kann, sagt Ricardo ausdrücklich [6]. Umgekehrt stellt er fest: Der Geldlohn der Arbeit „steigt niemals im Verhältnis des Geldpreises des Getreides, weil Getreide nur ein Teil, obgleich ein wichtiger Teil, der Verzehrung der Arbeiter ist" [7]. Hätte Ricardo in unserer Zeit gelebt, so wäre er vielleicht noch auf einiges andere, so auf die Wohnungspreise, eingegangen.

Gegen Ende von Ricardos Principles finden wir ein Kapitel über Maschinenwesen, das erst bei der dritten Auflage eingefügt wurde und, wie der Autor eigens bemerkt, im Gegensatz zu seinen früheren Ansichten steht [8]. Hatte er bis dahin geglaubt, trotz Einführung der Maschine würde die Zahl der beschäftigten Arbeiter nicht vermindert, so widerruft er nun diese Ansicht ausdrücklich und sagt, „daß die Meinung der Arbeiterklasse, die Anwendung von Maschinen sei ihren

[1] Vgl. Diehl, Bd. II, S. 9, 86 ff.

[2] Ricardo, Principles, S. 112.

[3] Vgl. Diehl, Bd. II, S. 24.

[4] „The prime necessary of the labourer." Ricardo, Principles, S. 99. Auf S. 228 heißt es: „Corn, which differs from other necessaries only by being the first and most important on the list."

[5] Ricardo, Principles, S. 100.

[6] Ricardo, Principles, S. 70, 96, 97, 100.

[7] Baumstark, S. 273; Ricardo, Principles, S. 291.

[8] Ricardo, Principles, S. 377 ff. Die frühere Ansicht z. B. in „Essay on the influence of a low Price of Corn", S. 387, wo es heißt: „. . . the effects of improved machinery, which, it is no longer questioned, has a decided tendency to raise the real wages of labour".

Interessen häufig verderblich, nicht auf Vorurteil und Irrtum beruht, sondern mit den richtigen Grundgesetzen der Volks- und Staatswirtschaft übereinstimmt“ [1]. Er führt aus, wie an sich durch Einführung der Maschine der für die Entlohnung der Arbeit bestimmte Fonds vermindert wird. Insoweit aber das Einkommen der Kapitalisten an Kaufkraft erhöht und somit die Möglichkeit der Neubildung von Kapital gesteigert wird, insoweit können auch wieder mehr Arbeiter beschäftigt werden. Schließlich sind nach Ricardo die Wirkungen der Maschine nicht so schlimm, weil ihre Einführung allmählich vor sich geht und sich mehr durch veränderte Anlage neuer Kapitalien, als durch Änderung in der Zusammensetzung der schon arbeitenden betätigt [2].

Diese ganze Gedankenreihe ist für uns wichtig, weil Marx sie, allerdings unter erheblichen und bedeutsamen Veränderungen, in seiner Verelendungstheorie verwendet. Die Ricardosche Lohntheorie wird jedoch in ihrem Wesen nicht davon berührt. Denn sie ist in erster Linie eine Produktionskosten- und höchstens nebenbei eine Lohnfondstheorie. Durch Einführung von Maschinen wird der Lohnfonds geändert, auf die Dauer aber hängt der Lohn doch immer wieder am gewohnheitsmäßigen Bedürfnisminimum.

Sucht man aus Ricardos dunklen und nicht ganz widerspruchslosen Ausführungen die Quintessenz herauszuschälen, so ergibt sich: Mit steigender Entwicklung hat der (Real-) Lohn der Arbeit die Tendenz, zu sinken, weil die Bevölkerung die Tendenz hat, schneller zu wachsen als die Unterhaltsmittel. Diesem Sinken ist jedoch eine Grenze gesetzt durch das gewohnheitsmäßige Bedürfnisminimum, unter dessen Betrag die Löhne dauernd nicht sinken können. Die Löhne werden also nach dem Bedürfnisminimum gravitieren: „Wegen der Wirkung des Bevölkerungsgesetzes auf die Zunahme der Menschheit bleibt der Arbeitslohn der niedrigsten Klasse niemals viel über dem Satz stehen, welchen Natur und Gewohnheit zum Unterhalt der Arbeiter erheischen“ [3].

C. Der Geltungsbereich der Lohntheorie.

Den Geltungsbereich von Ricardos Theorie zeigt uns ein Blick auf die Methode, mit der er vorgeht; sie wird zumeist als die Methode der isolierenden Abstraktion bezeichnet [4]. Das ist auch richtig. Freilich sind nicht allzuviele Äußerungen von Ricardo dafür beizubringen, daß er nicht die Vorgänge,

---

[1] Ricardo, Principles, S. 383. Baumstark, S. 362.
[2] Ricardo, Principles, S. 386 ff.
[3] Ricardo, Principles, S. 140. Baumstark, S. 130.
[4] Diehl, Bd. II, S. 15, 481 ff.

so, wie sie sich ihm darstellten, und er sie als tatsächlich vorkommend ansah, habe aufzeigen wollen, sondern daß er von willkürlich gewählten Voraussetzungen Folgerungen ableiten wollte. Die Beispiele, die zitiert werden, beziehen sich zumeist auf einzelne Fälle [1]. Man hat daher den Ausweg gefunden, Ricardos Methode nach den Ausführungen Mills als eines ihm nahestehenden Ökonomen darzustellen [2]. Dies ist natürlich nur möglich, wenn sich schon aus Ricardos Werken diese Methode ergibt. So ist es in der Tat. Wer nur einige Seiten der „Principles" liest, sieht sofort, daß Ricardo unmöglich geglaubt haben kann, der Mensch werde nur durch die wenigen Motive bewegt, die bei der Darstellung seiner Gesetze eine Rolle spielen. Wenn er auch nicht ausdrücklich im allgemeinen sagt, daß die Wirklichkeit anders sei, so wird man ihm doch nicht zutrauen dürfen, daß er für die Menschen nur die Triebe als vorhanden angenommen habe, die in seinen Schriften erwähnt werden. Da es sich aber hier speziell um die Voraussetzungen der Lohntheorie handelt, so besitzen wir zu allem hin noch eine Äußerung Ricardos in seinen „Principles" selbst. Am Schluß des vierten Kapitels sagt er nämlich, indem er von den „zeitweisen Wirkungen" spricht, welche durch „zufällige Ursachen" hervorgebracht werden: „So wollen wir sie denn nun ganz außer Betracht lassen, während wir von den Gesetzen handeln, welche die natürlichen Preise, den natürlichen Arbeitslohn und den natürlichen Gewinnst regeln, da dies Wirkungen sind, die mit jenen zufälligen Ursachen gar nicht zusammenhängen" [3]. Wenn Ricardo hier auch zunächst von den Marktpreisen und ihren Ursachen spricht, so will er doch offenbar damit für die folgende Untersuchung erst recht alles Nichtökonomische, also auch die nichtökonomischen Triebe, ausschließen.

Die Berücksichtigung von Ricardos Methode ist für die Beurteilung seiner Lehren natürlich von größter Wichtigkeit. So manche schiefe Ansicht über unseren Autor hat in ungenügender Würdigung seiner Methode ihren Grund. Von einer Untersuchung, die unter isolierender Abstraktion aus-

---

[1] Immerhin findet sich eine sehr bedeutsame Stelle in den Briefen an Malthus (zitiert bei Diehl, Bd. II, S. 483), aus der klar hervorgeht, daß Ricardo von ganz bestimmten Voraussetzungen seinen Ausgang nimmt: „Es würde keine Antwort mir gegenüber sein, zu sagen, daß die Leute die beste und billigste Art, ihr Geschäft zu führen und ihre Zahlungen zu leisten, nicht kennen, weil dies eine Frage der Tatsachen (question of fact) und nicht der Wissenschaft ist, und weil dies fast gegen jeden Satz der politischen Ökonomie eingewendet werden könnte". (Letters of D. Ricardo to Th. R. Malthus 1810—1823 ed. by James Bonar, Oxford 1887, S. 18.)

[2] Diehl, Bd. II, S. 479 ff.

[3] Ricardo, Principles, S. 69. Baumstark, S. 65.

geführt ist, darf niemand ein Bild der Wirklichkeit erwarten. Ein Nichtübereinstimmen mit den tatsächlichen Verhältnissen ist daher hier kein Fehler, sondern geradezu selbstverständlich. Verlangt muß nur werden, daß von den Prämissen richtig deduziert wird. Da nun die Wirklichkeit von diesen Deduktionen abweicht, so wird auch ein so isoliert ermitteltes Gesetz in den lebendigen Wirtschaftsverhältnissen durchaus nicht immer als Gesetz erscheinen. Es verschwindet darum nicht; was isoliert als Gesetz sich darstellt, wirkt im Getriebe der Volkswirtschaft als Tendenz [1].

Auf die Frage, welches die Triebe sind, die Ricardo voraussetzt, werden zumeist Selbstinteresse [2] und Geschlechtstrieb genannt. Das sind ja die beiden Kräfte, von denen auch bei Adam Smith' Lohntheorie die eine auf Erhöhung, die andere auf Erniedrigung des Lohnes hinarbeitet. Was den Ausdruck „Selbstinteresse" betrifft, so scheint es mir allerdings nicht ganz ausgemacht, ob mit ihm die treibende Kraft bei Ricardo genau bezeichnet ist. Denn Ricardo beschränkt sich doch eigentlich auf das wirtschaftliche Selbstinteresse. Alle die vielen Reize, die in egoistischer, aber nicht wirtschaftlicher Weise auf die Seele wirken, und bei Smith besonders auch im zehnten Kapitel des ersten Buches ihren Platz gefunden haben — es mag hier namentlich an die Verschiedenheit des Lohns nach der Annehmlichkeit oder Unannehmlichkeit der Beschäftigung erinnert sein [3] —, sie werden in Ricardos Lohngesetz so gut wie gar nicht berücksichtigt. Man wird also sagen können, daß Ricardos Lohnlehre im großen und ganzen einmal auf dem ersten egoistischen Leitmotiv aufgebaut ist. Die Menschen handeln aus diesem Motiv und unter Wahrung des wirtschaftlichen Prinzips [4]. Oder mit anderen Worten, es

---

[1] Scheinbar ähnlich sagt Marx, Kapital, Bd. III, Teil 1, S. 213, 215; aber mit dem bedeutenden Unterschied, daß er von einem einzelnen Gesetz spricht, bei dem besondere gegenwirkende Einflüsse im Spiele seien; vgl. Wagner, Grundlegung I, S. 233.

[2] Diehl, Bd. II, S. 482; an einer anderen Stelle (S. 483) aber spricht er vom „Erwerbstrieb", der doch etwas ganz anderes ist und auch mit Adolf Wagners erstem wirtschaftlichen Leitmotiv durchaus nicht zusammenfällt; vgl. Schmoller, Grundriß, I Bd., S. 32 ff. Wagner, Grundlegung, Bd. I, S. 88 ff.

[3] Wealth of Nations, S. 77.

[4] Vgl. Wagner, Grundlegung, I, 1, S. 89. Wenn Dietzel (Artikel „Selbstinteresse und Methodenstreit in der Wirtschaftstheorie" im Handwörterbuch der Staatswissenschaften, 3. Auflage, Bd. 7, S. 443 ff.) bei der Methode der Isolierung im allgemeinen die Prämissen „wirtschaftliches Motiv" und „wirtschaftliches Prinzip" zu setzen wünscht — also unter Ausschaltung des Egoismus —, so ist das nicht unberechtigt, weil es ganz unklar und strittig ist, inwieweit die Menschen im letzten Grunde selbstisch handeln (ebenda S. 436 ff.). Aber Ricardos Prämissen wären mit diesen Worten nicht genau bezeichnet; vgl. dazu auch v. Philippovich, Über Aufgabe und Methode der politischen Ökonomie, S. 39.

wird vorausgesetzt, daß jeder seinen wirtschaftlichen Vorteil verfolgen wolle und weiter diesen Vorteil auch verstehe und kenne: Die Voraussetzungen des Wollens und Könnens[1]. Wohl mag indes Ricardo, von seinen Prämissen im Isolierverfahren abgesehen, über das Kennen des eigenen Vorteils von seiten der Menschen eine zu günstige Meinung gehabt haben[2].

Weiter basiert die Lohnlehre auf dem Geschlechtstrieb, den Ricardo nur insoweit betrachtet, als er die Bevölkerungsvermehrung bedingt. Man wird also wohl richtiger vom Fortpflanzungs- oder auch Vermehrungstrieb der Bevölkerung sprechen. Wenn Ricardo diesen Trieb als etwas Festes und Unveränderliches angesehen hätte, dann würde seine Theorie ein viel starreres Aussehen erhalten haben; dann hätte man ihr mit mehr Recht den Beinamen „ehernes Lohngesetz" geben können als dies jetzt geschieht. Ricardo hat das nicht getan. Zwar nimmt er zunächst nach Malthus an, daß die Bevölkerung die Tendenz habe, sich über die Nahrungsmittel hinaus zu vermehren: Sowie der Lohn steigt, werden im allgemeinen die Menschen mehr heiraten, mehr Kinder aufziehen und sich vermehren[3]. Aber, so meint Ricardo abermals im Einklang mit Malthus[4], das Steigen der Bevölkerung wird nicht die notwendige Folge hohen Arbeitslohns sein. Es sei der Fall möglich, daß die Arbeiter von ihrem höheren Lohn besser leben, aber nicht um so mehr heiraten, daß der höhere Lohn nicht zur größeren Vermehrung der Menschen, sondern zur Erhöhung der Behaglichkeit und damit des Bedürfnisminimums verwendet werde. Dies sei das einzige Mittel, den Lohn dauernd hochzuhalten. Darauf sollen die Freunde der menschlichen Gesittung hinarbeiten. Freilich sieht Ricardo solchen Zustand als ein ganz fernes Ideal an[5], aber er hält ihn doch für möglich. Dadurch nun, daß unser Autor die Stärke des Vermehrungstriebes nicht als eine bestimmte Größe auffaßt, wird ein Moment der Unsicherheit in sein Gesetz gebracht: Der Mensch wird bewegt durch das erste wirtschaftliche Leitmotiv und den Vermehrungstrieb. Ersteres ist in bestimmter Intensität, und zwar im allgemeinen wohl in höchst möglicher[6], angenommen. Durch letzteren

---

[1] Für das letztere ist wieder die oben zitierte Stelle aus Ricardos Brief an Malthus (bei Diehl, Bd. II, S. 483) von Bedeutung; vgl. Adolf Wagner, Grundlegung I, 1, S. 173, 174.

[2] Vgl. z. B. Principles, S. 273.

[3] So Principles, S. 71.

[4] So Malthus, Bevölkerungsgesetz, Bd. II, S. 377 ff.

[5] Ricardo, Principles, S. 77, 400.

[6] Immerhin weiß Ricardo auch gelegentlich von dem das wirtschaftliche Motiv bei den einzelnen in verschiedener Weise durchkreuzenden Genußsinn zu erzählen (Principles, S. 225). Darin liegt streng genommen

aber wird die Lohnhöhe beeinflußt, je nachdem die Bevölkerung ihn zurückdrängt oder nicht: Die Höhe des Lohns wird also bis zu einem gewissen Grade durch das Verhalten der Arbeiter selbst bestimmt. Unverkennbar, wenn auch schüchtern, zeigt sich dieser wichtige Gedanke bei Ricardo.

Es fragt sich nun aber, ob die Lohngesetze nach des Autors Meinung für alle Zeiten Gültigkeit haben, ob sie „ewige Gesetze" sind. Ricardo selbst sagt: „Dies also sind die Gesetze, wonach sich der Arbeitslohn richtet und das Glück bei weitem des größten Teils jedes Gemeinwesens gelenkt wird" [1]. Aus dem Ausdruck „jedes Gemeinwesens" könnte man auf eine ganz allgemeine Geltung schließen. Und wenn Malthus geglaubt hat, sein Bevölkerungsgesetz habe von jeher gegolten und sei wie ein Naturgesetz anzusehen [2], so dürfte Ricardo über diese Grundlage seiner Lohntheorie wohl kaum eine andere Ansicht gehabt haben. In bezug auf das Gesetz der Abhängigkeit des Gewinnstes vom Arbeitslohn — das freilich nicht so eigentlich hergehört — sagt Ricardo ausdrücklich, daß es „in allen Ländern und zu allen Zeiten" Geltung haben soll [3]. Trotz diesen Äußerungen muß man in Betracht ziehen, daß Ricardo bei seinen Ausführungen stets nur den Zustand freier Konkurrenzwirtschaft vor Augen hat, andere Zustände führt er nur an, um sie zu kritisieren [4]. Das läßt sich trotz scheinbaren Widerspruchs mit den vorhergehenden Äußerungen ganz gut vereinbaren. Ricardo abstrahiert eben von allem, was die wirtschaftliche Freiheit einschränkt; zu den bisherigen Voraussetzungen des „Wollens" und „Könnens" tritt eine dritte, die Voraussetzung des „Dürfens" [5], d. h. daß die Menschen durch die Rechtsordnung nicht gehindert sind, ihren Vorteil wirklich zu verfolgen. Das aber führt zum System der freien Konkurrenz, das bei Ricardo wiederum Privateigentum, auch am Boden, und Tauschverkehr als Voraussetzung hat. Ein Urzustand, wie der von Adam Smith am Beginn des Kapitels über den Arbeitslohn beschriebene, liegt jedenfalls ganz außer dem Feld von Ricardos Betrachtung. Er spricht denn auch gleich in seiner Vorrede schon von einem ziemlich bestimmten Stande der Gesellschaft, als ob es keinen anderen gäbe [6].

---

eine Abschweifung von seinem Isoliersystem. Auch die später noch zu besprechende Stelle S. 232 ist hier zu erwähnen.

[1] Ricardo, Principles, S. 82. Baumstark, S. 77.

[2] Malthus, Bevölkerungsgesetz. Bd. I, S. 480.

[3] Ricardo, Principles, S. 105; vgl. Baumstarks Vorrede, S. V.

[4] Ricardo, Principles, S. 82 ff. Er sagt auch ausdrücklich, daß der Arbeitslohn nie durch Einmischung der Gesetzgebung beaufsichtigt werden sollte.

[5] Adolf Wagner, Grundlegung I, 1, S. 174.

[6] „The produce of the earth . . . is divided among three classes of the

Man wird also sagen: Ricardos Gesetze gelten für alle Zeiten, insoweit seine Voraussetzungen vorhanden sind, also vor allem insoweit die Menschen nach dem wirtschaftlichen Vorteil handeln wollen, können und dürfen; weiterhin insoweit gewisse gesellschaftliche Grundbedingungen existieren, ohne die die fragliche Erscheinung, z. B. der Arbeitslohn, gar nicht entstehen könnte. Insoweit die Voraussetzungen nicht vorhanden sind, insoweit gelten auch die Gesetze nicht, respektive es müssen andere Prämissen eingesetzt und daraus entsprechende Folgerungen gezogen werden [1]. Man wird daher in diesem Sinne doch aufrecht erhalten können, daß Ricardo „ewige" Gesetze aufstellen wollte [2].

Nimmt man alle besprochenen Voraussetzungen als gegeben an — es sind vorwiegend die Tatsachen und Motive, die Ricardo überhaupt seinen Untersuchungen zugrunde legt —, so fragt es sich weiter: Auf welche Arbeiter und Arbeiterklassen erstreckt sich die Lohntheorie? Ricardos Ausführungen sind viel allgemeiner gehalten als die bei Adam Smith; er spricht meist einfach von den Arbeitern. Wer nur das fünfte Kapitel in Ricardos Principles liest, könnte zur Meinung kommen, nach dem Lohngesetz befinden sich alle Lohnarbeiter eines Landes ungefähr in der nämlichen Lage, daß ihre Löhne um einen und denselben natürlichen Lohnsatz herumpendeln. Sollte das wirklich Ricardos Ansicht sein? Dann müßte er Adam Smith' zehntes Kapitel des ersten Buches nicht gelesen haben, in welchem dieser so ausführlich die Lohnunterschiede bespricht. Ricardo nimmt aber in seinem ersten Kapitel sogar Bezug auf die betreffenden Ausführungen bei Adam Smith und beginnt die Überschrift der zweiten Abteilung dieses Kapitels mit den Worten: „Arbeit von verschiedenen Beschaffenheiten verschieden vergütet" [3]. Es ist also viel eher anzunehmen, daß sich Ricardos Ausführungen über den Arbeitslohn in erster Linie auf *eine* Klasse von Arbeitern, auf die niedrigste, die Klasse der Unqualifizierten, beziehen. Aus den „Grundgesetzen" selbst läßt sich dafür eine Stelle im neunten Kapitel anführen [4], wo er ausdrücklich von der niedrig-

community; namely, the proprietor of the land, the owner of the stock or capital necessary for its cultivation, and the labourers by whose industry it is cultivated".

Ricardo, Principles, S. 1. Ähnlich S. 336; vgl. Diehl, Bd. II, S. 486.

[1] Vgl. J. St. Mill, Logik, Bd. III, S. 313.

[2] Anderer Ansicht Lifschitz, Zur Methode der Wirtschaftswissenschaft bei D. Ricardo (Conrads Jahrbücher, 3. Folge, Bd. 33, S. 314 ff.). Die Meinungsverschiedenheit dürfte allerdings in erster Linie von verschiedener Auffassung des Begriffs „ewige Gesetze" herrühren; vgl. auch Diehl, Bd. II, S. 486.

[3] Ricardo, Principles, S. 15.

[4] Ricardo, Principles, S. 140.

sten Klasse das ausspricht, was er sonst allgemein von den Arbeitern sagt: Es ist die Quintessenz seines Lohngesetzes. Und wenn wir die Zeitverhältnisse ins Auge fassen, so wird es erklärlich, daß Ricardo die unqualifizierten Arbeiter in erster Linie meint und doch von Arbeitern schlechthin redet. Die Ungelernten oder bloß Angelernten waren eben damals — im Gegensatz zur Zeit von Adam Smith — die überwältigende Mehrheit; auf sie konzentrierte sich das Interesse. Der von Ricardo im allgemeinen vorausgesetzte Arbeiter ist also der gewöhnliche, ungelernte [1]. Freilich ist nicht zu vergessen, daß auch die Löhne dieser Klasse durchaus keine ganz einheitlichen sind.

Indessen spricht Ricardo bisweilen auch von Gewerben, welche unzweifelhaft gelernte Arbeiter beschäftigen, so z. B. Hut- und Schuhmacher [2]. Die Arbeiter dieser Gewerbe werden natürlich ebenfalls vom Lohngesetz beeinflußt. Wenn Ricardo sich auch nirgends darüber ausgesprochen hat, so dürfte es doch im Sinne seiner Theorie liegen, zu sagen, daß auch die höheren Lohnklassen durch ein besonderes Bedürfnisminimum auf einer bestimmten Höhe gehalten werden [3].

Nun spielte weiter zu Ricardos Zeit die Arbeit der Frauen und Kinder eine große Rolle; sie war ja soviel billiger. Es gab also eine Abstufung der Arbeitslöhne nach Alter und Geschlecht. Ricardo berücksichtigt das nicht. Der Lohn des ungelernten Arbeiters, der eine Familie zu erhalten hat, ist das Objekt seiner Betrachtung. Die Fabriken und Bergwerke, in denen Tausende von Kindern arbeiteten, sie lagen vor seinen Augen — er beachtet sie nicht. Ist das eine verdammenswerte Nachlässigkeit? Ich glaube nicht. Ricardo stellte das Prinzip auf, daß der Lohn des Familienvaters sich nach den gewohnheitsmäßigen Bedürfnissen richte, und ging dabei von der Voraussetzung aus, daß ein Ernährer für die Familie sorge. Ändert sich die Voraussetzung dahin, daß fast alle Familienmitglieder allgemein an der Lohngewinnung mithelfen, so wächst zwar die von den Arbeitern geleistete Arbeit; es ist jedoch kein Grund vorhanden, daß das Bedürfnisminimum der Arbeiterfamilie steige, und so wird bald der Lohn auf ein Maß sinken, daß die ganze Familie kaum mehr verdient als früher der einzelne Arbeiter. Karl Marx, der diese Ansicht aufstellt, spricht damit nur Konsequenzen aus, die Ricardo

---

[1] Etwas anders Diehl, Bd. II, S. 16, der Ricardo einen „Durchschnittsarbeiter" konstruieren läßt. Brentano, Die klassische Nationalökonomie, S. 7, 11, sagt allgemein, die klassische Nationalökonomie setze eine einheitliche Arbeiterklasse voraus.

[2] Ricardo, Principles, S. 206.

[3] J. St. Mill hat dies später, wie noch gezeigt werden wird, etwas deutlicher ausgesprochen. J. St. Mill, Principles, S. 238.

ohne Zweifel gezogen haben würde, wenn er zur Frage Stellung genommen hätte [1].

Wie bei Smith, so gilt auch bei Ricardo die Lohntheorie für produktive wie unproduktive Arbeiter. Zwar spricht Ricardo zumeist von ersteren; aber es liegt kein Grund vor, anzunehmen, daß die Löhne der unproduktiven Arbeiter nach anderen Grundsätzen bestimmt werden sollten; vorab das gewohnheitsmäßige Bedürfnisminimum wird auch für sie seine Geltung haben. Übrigens führt Ricardo selbst einmal bei Besprechung der Steuern auf den Arbeitslohn „unproduktive" Arbeiter an, ohne von einem Unterschied in der Lohnbildung mit den produktiven zu sprechen [2]. Ausführlich legt er dar, wie die Nachfrage nach Arbeitern steigt, wenn der reiche Mann, anstatt sein Geld für kostbare Möbel und ähnliche Luxusbedürfnisse auszugeben, dafür Lakaien und Gesinde unterhält [3].

Was die lokale Ausdehnung des Arbeitsmarktes betrifft, so finden wir jene Abgrenzung nach Distrikten, die Adam Smith hervorhebt, nicht erwähnt. Ricardo hat die Lohnunterschiede in eng benachbarten Gebieten, die auch zu seiner Zeit noch immer erheblich waren [4], vielleicht als zu unbedeutend nicht berücksichtigt; es sind ja freilich auch die Verschiedenheiten der Reallöhne geringer als die der Nominallöhne. Ricardos System geht auf den einheitlichen nationalen Arbeitsmarkt hinaus; darum spricht er auch immer allgemein von den Verhältnissen in einem Lande. Ausdrücklich sagt er [5], daß der natürliche Preis der Arbeit zu verschiedenen Zeiten im selben Lande wechselt und in verschiedenen Ländern der Sache nach sehr verschieden sei. Aber von einer Verschiedenheit im selben Lande zur selben Zeit sagt er nichts. Dagegen aber ahnt Ricardo schon die Möglichkeit eines internationalen Arbeitsmarktes; er schreibt [6], in neuen Ansiedlungen habe wahrscheinlich das Kapital ein Streben nach schnellerem Anwachsen als die Menschenzahl, und wenn der Mangel an Arbeitern nicht aus volkreicheren Ländern gedeckt würde, so würde dies Streben den Preis der Arbeit sehr stark in die Höhe treiben. Übrigens weiß er wohl, daß bei der Aus-

---

[1] Marx, Kapital, Bd. I, S. 359. Auch J. St. Mill Principles S. 242.

[2] Ricardo, Principles, S. 203; dagegen Zwiedineck-Südenhorst S. 96.

[3] Ricardo, Principles, S. 384 ff. Wenn Gonner in einer Anmerkung zu Ricardos Principles in diesen „retainers" und „menial servants" vor allem produktive Arbeiter sieht, so dürfte das doch nicht ganz im Sinne Ricardos gelegen sein (Ricardo, Principles, ed. by E. C. K. Gonner, S. 389 ff.).

[4] Vgl. Held, Zwei Bücher, S. 464.

[5] Ricardo, Principles, S. 74.

[6] Ricardo, Principles, S. 75.

wanderung nicht bloß wirtschaftliche Motive fördernd oder hindernd mitspielen; er erwähnt, allerdings nicht speziell mit Bezug auf die Arbeiter, „die natürliche Abneigung, welche jedermann hat, den Ort seiner Geburt und die Szenen seiner Jugendgenossenschaften zu verlassen“ [1].

Wir sehen also, daß Ricardo sein Problem in vieler Hinsicht anders anpackt als sein Vorgänger Adam Smith. Ricardos Lohntheorie geht, wie sein ganzes System, von freiwillig gewählten, im allgemeinen fest bestimmten Voraussetzungen aus: Der vom Fortpflanzungstrieb mehr oder weniger beherrschte oder wenigstens beeinflußte, seinen wirtschaftlichen Vorteil erstrebende und erkennende Mensch im Zustande der freien Konkurrenzwirtschaft ist es, den unser Autor seinen Ausführungen zugrunde legt. Ricardo untersucht die Lohnbildung insbesondere für die niederste Schicht der Arbeiter; doch läßt sich seine Theorie auch auf die höheren Schichten anwenden. Der Arbeitsmarkt ist national abgegrenzt, aber internationale Einwirkungen sind nicht ausgeschlossen.

---

[1] Ricardo, Principles, S. 232. Baumstark, S. 217. Der Ausspruch ist auch interessant, weil es eine der wenigen Stellen ist, in denen Ricardo, eigentlich aus der Rolle seiner Isoliertheit herausfallend, nichtwirtschaftliche Motive erwähnt.

III.

Das Lohnproblem bei John Stuart Mill.

A. Allgemeines.

Die nächsten Jahre nach Erscheinen von Ricardos Hauptwerk brachten auf technisch-wirtschaftlichem Gebiet wieder gewaltige Neuerungen. Während aber die Erfindungen des ausgehenden 18. Jahrhunderts in erster Linie auf Produktionssteigerung abzielten, handelte es sich nun vor allem um Verbesserung der Absatzmöglichkeiten; der Güter-, Personen- und Nachrichtenverkehr wurde in ungeahnter Weise gehoben durch Eisenbahn und Dampfschiff, Telegraph und Pennyporto [1]. Das alles bedeutete jedoch im Verein mit steten Verbesserungen der früheren Erfindungen auch eine gewaltige Ausdehnung der Produktion, und trotz den regelmäßigen Krisen fuhr die englische Industrie in ihrem Aufschwung fort. In der Lage der Arbeiter war damals noch nicht allzuviel von Besserung zu spüren. Wohl sanken die meisten Lebensmittelpreise seit 1810, besonders die Weizenpreise; aber auch die Löhne bewegten sich abwärts; ganz langsam nur besserten sich die Verhältnisse seit den dreißiger Jahren [2]. Diese Epoche wird immer noch vom Weberelend erfüllt, aus damaliger Zeit wird uns über das Gangsystem der landwirtschaftlichen Arbeiter berichtet [3]. Die Wohnungsverhältnisse, auch auf dem Lande trostlos, verschlimmern sich mit steigender Höhe der Mieten durch die wachsende Zusammenpressung der Massen in den Jndustriestädten [4]. Im Jahre 1848 legte Engels den Jammer der damaligen arbeitenden Menschheit in seiner „Lage der arbeitenden Klassen in England" der Mitwelt vor die Augen.

Von einem ganz anderen, freudigeren Geiste erfüllt ist Mills ökonomisches Hauptwerk, die „Principles of Political Economy", das kurz darauf, nämlich zu Anfang des Jahres

---

[1] Steffen, Studien, Bd. II, S. 151; Bd. III, S. 195.

[2] Steffen, Studien, Bd. II, besonders S. 4, 25; Bd. III, besonders S. 3 ff., 6.

[3] Steffen, Studien, Bd. III, S. 58. Marx, Kapital, Bd. I, S. 660, berichtet darüber hauptsächlich vom Jahre 1867.

[4] Steffen, Studien, Bd. III, S. 13, 54 ff. Engels, Lage der arbeitenden Klassen, besonders S. 23 ff., S. 98 ff. und durch das ganze Buch.

1848, erschien. Mill will dabei auf Adam Smith zurückgreifen und mit den volkswirtschaftlichen Grundsätzen gleich ihre Anwendung verbinden[1]. Wenn er nun auch in der Umfassung des Stoffes seinem Vorbild nahekommt, so unterscheidet er sich doch, wie wir noch sehen werden, in der Methode gar sehr von ihm. Natürlich sind die Grundlagen der beiden Nationalökonomen überhaupt nicht wenig verschieden.

Der Mann, der schon als Wunderkind in frühester Jugend die antike Weisheit, verwässert durch Benthamschen Individualismus, in sich aufgenommen, ist zeitlebens ein gut reflektierender Spiegel der Strömungen seines Jahrhunderts gewesen. Ursprünglich feuriger Anhänger Benthams, tritt er ihm später doch kritischer gegenüber und verfeinerte seinen Utilitarismus. Dem Staat gestand er immer mehr Einwirkung zu; dem Sozialismus, der sich nun allenthalben zu regen begann, hat er in den „Principles" nicht geringe Konzessionen gemacht[2]; auch den Entwicklungsgedanken hat er auf sich wirken lassen. Kurz, er paßte seine früheren Anschauungen, die dem 18. Jahrhundert entstammten, denen des 19. Jahrhunderts an, wie er selbst andeutet[3]. Er hat auch, jedenfalls im Anschluß an Comte, eine Statik und Dynamik der Volkswirtschaft unterschieden, der Theorie des Gleichgewichts eine Theorie der Bewegung hinzugefügt[4]. Allerdings beschränkt sich bei ihm die Dynamik in der Hauptsache auf die Darstellung des fortschreitenden Vermögenszustandes. So hat sich denn auch diese Unterscheidung für ihn, wenigstens in bezug auf seine Lohntheorie, nicht als besonders fruchtbar erwiesen: Mills dynamischer Teil der Lohntheorie zeigt wohl Bewegung, aber wenig Entwicklung. Wir können daher auch für unsere Zwecke bei Darstellung der Lohntheorie die Unterscheidung beiseite lassen.

Wichtig ist Mill für uns vor allem als Typus des Lohnfondstheoretikers. Er gilt unter den Vertretern dieser Richtung als derjenige, der am klarsten seine Theorie aufgestellt hat, wenn er sie auch später selbst widerrief[5]. Die Lohnfondstheorie war lange eine Schutzwaffe der Unternehmer im Kampfe

---

1 Mill, Principles, S. V.

2 Besonders im siebenten Kapitel des vierten Buches (Mill, Principles, S. 455 ff., besonders S. 476). Das Kapitel rührt allerdings, wie Mill selbst erzählt, von seiner Frau her. Selbstbiographie S. 204.

3 Mill, Selbstbiographie, S. 134.

4 Mill, Prinziples, S. 421.

5 Mill, Arbeiterfrage, S. 125 ff. (Erstmals erschienen in Fortnightly Review, Mai 1869.) Der Widerruf gipfelt in den Worten: „Das Gesetz des Arbeitslohns läuft, auf der Seite der Nachfrage, auf den selbstverständlichen Satz hinaus, daß die Arbeitgeber für Löhne nicht das ausgeben können, was sie nicht besitzen." (S. 128) Auf seine Anschauung von der Angebotseite bezieht sich der Widerruf nicht.

gegen Lohnansprüche der Arbeiter. Trotzdem würde man Mill Unrecht tun, wollte man ihn zum einseitigen Interessenvertreter des Kapitals stempeln. Er hat sich vielmehr mit Eifer derer angenommen, die ihm unterdrückt erschienen, mochten es nun die Neger auf Jamaika sein oder die stimmrechtlosen Frauen oder die Arbeiter. Eine allgemeine Lohnerhöhung und überhaupt Besserstellung der arbeitenden Klassen wünscht er aufrichtig [1]. Aber sein Optimismus in bezug auf die Lohnfrage beruht wohl vor allem auf Zukunftshoffnungen. Ob er sich allerdings der ganzen Arbeiternot seiner Zeit so recht bewußt war, soll dahingestellt bleiben. Mit dem arbeitenden Volk mag der liebenswürdige aber unpraktische Büchermann — als solchen bezeichnet er sich selbst in seiner Autobiographie [2] — wenig Berührung gehabt haben. Für zukünftige Zeiten schien ihm ein Sozialismus möglich, der, ohne Einschränkung der freien Konkurrenz, hauptsächlich durch die Genossenschaften sich entwickeln sollte [3].

B. Darstellung der Lohntheorie.

Die Lohnfondstheorie geht vom Kapitalbegriff aus. Mill versteht unter Kapital einen angesammelten Fonds von Arbeitsertrag, sobald er oder der daraus zu erhaltende Wert zu produktiver Anwendung bestimmt ist [4]. Der Kapitalist kann entscheiden, wie er seine Mittel verwenden will. „Der Unterschied zwischen Kapital und Nicht-Kapital liegt also nicht in der Art der Sachgüter, sondern in der Absicht des Kapitalisten“ [5]. Zum Kapital gehören unter dieser Voraussetzung ebenso Maschinen und Geräte, wie aufgestapelte Vorräte und Geld. Vom Kapital ist der Lohnfonds zu scheiden. Er besteht nur aus dem Teil des umlaufenden Kapitals, der zum direkten Kauf von Arbeit bestimmt ist. Hinzuzurechnen sind die für die Belohnung unproduktiver Arbeit aufgewendeten Fonds, die ja nicht zum Kapital gehören [6]. Wir haben uns den Lohnfonds nach Mill in der Hauptsache als in der Hand des Unternehmers befindliches Geld oder geldwerte Teile des umlaufenden Kapitals vorzustellen, die dann in Geld und Arbeitslohn verwandelt werden. Jedenfalls ist es ein fester Betrag, eine Summe. Nicht aber ist der Lohnfonds mit der Gesamt-

---

[1] Mill, Principles, S. 563, 564.
[2] So Selbstbiographie, S. 29.
[3] Mill, Principles, S. 476.
[4] Mill, Principles, S. 34 ff.
[5] Mill, Principles, S. 35. Soetbeer I, S. 60.
[6] Mill, Principles, S. 207. Es ist daher unrichtig, wenn Marx (Kapital, Bd. II, S. 198) sagt: „Alles zirkulierende Kapital wird identifiziert mit in Arbeitslohn ausgelegtem oder auszulegendem Kapital. So bei J. St. Mill u. a.“

quantität der für die Arbeiter verfügbaren Nahrungsmittel zu identifizieren [1]. Der Lohnfonds nun, der feste Betrag, ist das, was den arbeitenden Klassen zukommt; er wird unverkürzt unter sie verteilt [2]; mehr aber können sie nicht verlangen. Sehr entschieden, wenn auch nicht durchweg ebenso glücklich, verwahrt sich Mill dagegen, daß die Nachfrage nach Arbeit mit der Nachfrage nach Sachgütern gleichgestellt werde [3]. Nicht die Erhöhung des Verbrauchs, sondern die Erhöhung des Kapitals, also das Sparen, wirkt steigernd auf den Arbeitslohn.

Hier drängt sich aber doch noch ein anderer Gedanke auf. Wenn es, wie wir gesehen haben, in der Hand der Kapitalisten liegt, ihr Kapital im Verhältnis zu ihrer Konsumtion zu vergrößern oder zu verkleinern [4], dann wird dies wohl auch mit dem Lohnfonds so sein. Wenn der Kapitalist, der bisher jährlich für 100 Pfund Juwelen bestellte, nun diesen Betrag seinem Kapital hinzufügt, so muß ein Teil der Vergrößerung auch auf den Lohnfonds fallen. Dann aber ist der Lohnfonds doch kein so starres Ding; er kann durch den Kapitalisten beeinflußt werden, und es handelt sich nur darum, seinerseits den Kapitalisten zu beeinflussen. Sollte das auf keine Weise, z. B. durch Koalitionen der Arbeiter, möglich sein?

Eine Einwirkung anderer Art des Kapitalisten auf den Lohnfonds wird auch von Mill erwähnt [5]. Durch Einführung von Maschinen, Bodenverbesserungen u. dgl. wird das stehende Kapital zuungunsten des umlaufenden vermehrt, und da der Lohnfonds sich ungefähr mit dem umlaufenden Kapital bewegt [6], so müßten alle diese Verbesserungen eigentlich gegen das Arbeiterinteresse sein. Mill spricht sich ausdrücklich gegen die Kompensationstheorie aus, nach welcher stets ebensoviel Kapital, als die Einführung von Maschinen dem Lohnfonds wegnimmt, auf der anderen Seite für die Beschäftigung

---

[1] Mill, Principles, S. 34, 35. Arbeiterfrage, S. 125. In dieser Abhandlung legt Mill nicht lange vor seinem Tode seine alte Lohnfondstheorie dar, um sie zu widerlegen. Wenn er also auch auf anderem Standpunkte steht als in den Principles, so ist doch selbstverständlich die Darlegung seiner früheren Lehrmeinung sehr wohl als eine authentische anzusehen.

[2] Mill, Principles, S. 208; Arbeiterfrage, S. 125.

[3] Mill, Principles, S. 49 ff.

[4] Mill, Principles, S. 35; vgl. Salz, Beiträge, S. 92.

[5] Mill, Principles, S. 58 ff.

[6] Der Lohnfonds deckt sich natürlich durchaus nicht mit dem umlaufenden Kapital, wie schon oben gezeigt. Aber im allgemeinen finden zwischen dem Teil des umlaufenden Kapitals, der zum Lohnfonds gehört, und dem, der zu Saat, Stoffen u. dgl. verbraucht wird, nach Mill keine für den Arbeiter bedeutsamen Grenzveränderungen statt. So Mill, Principles, S. 62, 63. Darin liegt eine teilweise Beantwortung der Frage von Salz, Beiträge, S. 88: „Welche Umstände bestimmen, wieviel vom umlaufenden Kapital zur Lohnzahlung verwendet wird?“

der Arbeiter freigesetzt wird. Aber er meint, daß tatsächlich das umlaufende Kapital doch auch wieder zunehmen werde und versteigt sich sogar zur Äußerung: „Vermutlich gibt es kein Land, dessen stehendes Kapital anders zunimmt als im richtigen Verhältnisse zur Zunahme des umlaufenden Kapitals“ [1]. So legt er der ganzen Frage keine große Bedeutung bei; er erwartet für den Arbeiterstand im allgemeinen und besonders in reichen Gegenden, wie England, aus der Vermehrung der Maschinen keinen Schaden.

Der Arbeitslohn ist nach Mill nun abhängig von Nachfrage und Angebot, d. i. vom Verhältnis zwischen Lohnfonds (Kapital) und Bevölkerung. Wir erhalten also die bekannte Formel:

$$\frac{\text{K (Kapital, Lohnfonds)}}{\text{Z (Arbeiterzahl)}} = \text{L (Lohnrate)}\ ^{2}.$$

Der durchschnittliche Arbeitslohn kann nur steigen durch eine Vermehrung des zur Mietung von Arbeitern angewendeten Gesamtfonds oder durch Verminderung der Zahl der Arbeiter; er fällt durch eine Verminderung des Lohnfonds oder durch eine Vermehrung der Zahl der Arbeiter. Daraus folgt, daß alle Bestrebungen um Lohnerhöhung für den Arbeiterstand erfolglos sein müssen, wenn sie nicht die Erhöhung des Lohnfonds — die freilich nach Mill nicht in der Hand der Arbeiter liegt — oder die Verminderung der Zahl der Arbeiter bezwecken. Wohl ist eine Lohnsteigerung einzelner Arbeiter, ja einzelner Klassen, möglich, aber nur auf Kosten der übrigen Arbeiter. Alle Abhilfsmittel, wie künstliche Hochhaltung der Löhne auf gesetzlichem Weg oder durch die öffentliche Meinung [3], Zuschüsse zum Arbeitslohn [4], Landzuteilungen als Beihilfe [5], sind nicht geeignet, die Lage der arbeitenden Klasse ernstlich zu heben. Es kommt vielmehr alles auf die Regulierung des Angebots an. Diese Regulierung geht bei Mill mittels zweier Minima vor sich [6], die er von Ricardo übernommen haben will, des „physischen“ und des „moralischen“ Minimums. Das erstere ist der niedrigste Satz für den Arbeitslohn, bei dem es physisch möglich ist, die Bevölkerung zu erhalten [7]; das letztere der

---

[1] Mill, Principles, S. 61; vgl. auch S. 450, 451. Soetbeer I, S. 104.

[2] Die Formel findet sich allerdings noch nicht bei Mill, ist vielmehr jüngeren Datums; vgl. Zwiedineck-Südenhorst, S. 100.

[3] Mill, Principles, S. 218 ff.

[4] Allowance system, Mill, Principles, S. 221 ff.

[5] Allotment system, Mill, Principles, S. 223 ff.

[6] Mill, Principles, S. 209.

[7] Demnach trifft es wenigstens für J. St. Mill nicht unbedingt zu, wenn Zwiedineck-Südenhorst S. 101 meint, daß es Grenzen im eigentlichen Sinne für den Lohn nach der Lohnfondstheorie nicht gebe.

niedrigste, bei dem ein Volk sich entschließt, dies zu tun; es entspricht also Ricardos natürlichem Lohnsatz, wird aber, wie gleich zu zeigen sein wird, von Mill nach oben und unten zu viel beweglicher aufgefaßt.

Wird der Lohn durch das physische Minimum reguliert, so geschieht es mittels der Todesfälle, besonders der Kindersterblichkeit, in ähnlicher Weise wie bei Adam Smith. Dauernde Steigerung der Lebensmittelpreise — d. i. eine Minderung des Lohnfonds in seinem Tauschwert — wird, wenn das Volk sich bereits auf dem Stande des physischen Minimums befindet, durch erhöhte Kindersterblichkeit das Angebot senken; steht die Lebenshaltung des Volkes höher, so kann die Bevölkerung ihre Bedürfnisse tiefer zurückschrauben, ohne die Vermehrung zu beschränken, bis an das physische Minimum. Sie kann aber auch lieber auf die Vermehrung als auf bestimmte Lebensannehmlichkeiten verzichten. Sie wird dies um so eher tun, je mehr diese Lebensannehmlichkeiten ihr zum Bedürfnis geworden sind: Der Arbeitslohn bleibt dann stehen (oder steigt) nicht durch Zunahme der Todesfälle, sondern durch Verminderung der Geburten. Dies ist die Bedeutung des „moralischen“ Minimums, das von Adam Smith nicht gekannt, von Ricardo als viel weniger beweglich angesehen wurde [1] und nicht in dieser Form verwertet ist. Denn während Ricardo es als ein fernes Ideal ansieht, beinahe als eine Utopie, daß die Bevölkerung der größeren Vermehrung zugunsten einer höheren Lebenshaltung entsagt, ist der mehr optimistische Mill der Ansicht, daß der Fall doch sehr wohl eintreten könne, namentlich unter besonderen Umständen, und er beruft sich zum Beweise dafür auf Frankreich [2], dessen Bevölkerung sich nach der Revolution plötzlich aus dem Elend zum Wohlbefinden erhob und in diesem Zustand sich auch erhalten hat. Denn die folgende Generation wuchs mit ganz veränderten Gewohnheiten auf und erhielt sich in dieser günstigen Lage durch eine fast stationäre Geburtenzahl. In der Festhaltung dieses „moralischen“ Minimums auf möglichst hoher Stufe liegt also der Weg zum Volkswohlstand. Im Anschluß an Malthus predigt daher Mill immer wieder die Einschränkung der Volksvermehrung, die Erziehung der arbeitenden Klassen zur Bedachtsamkeit in Eheschließung und Kindererzeugung. Von ihm wird auch die Beschränkung der Kinderzahl in der Ehe, das Zweikindersystem, unter Berufung auf Sismondi empfohlen. Wie sich unser Autor zur Frage

---

Das physische Existenzminimum muß vielmehr auf die Dauer bei jeder Lohntheorie die unterste Grenze bilden.

[1] Eine gewisse Beweglichkeit des natürlichen Arbeitslohns ist bei Ricardo besonders auch Principles, S. 77, ausgesprochen.

[2] Mill, Principles, S. 211; vgl. auch S. 42, 43.

stellte, zeigt unter anderem folgender Satz: „Man kann nur geringe moralische Fortschritte erwarten, ehe nicht die Erzeugung einer zahlreichen Nachkommenschaft mit denselben Gefühlen betrachtet wird wie die Trunkenheit oder jede andere physische Ausschreitung“ [1]. Die Erziehung schon der Kinder der arbeitenden Klassen ist daher von großer Wichtigkeit, um sie den Wert eines höheren Lebensniveaus schätzen zu lehren; praktischen Nutzen wird das aber nur dann haben, wenn sich Maßregeln finden, um das Elend während eines Menschenalters zu beseitigen. Als solche empfiehlt Mill äußere und innere Kolonisation im großen Stil. Dann können die Arbeiter das höhere moralische Minimum erringen und werden vermöge ihrer Erziehung auch die Kraft finden, es zu behaupten [2].

Durch Mills Ausführungen zieht sich stets der Gedanke, daß die Arbeiter ihr Schicksal selber in der Hand haben. Es kann sehr elend werden, aber dann ist die Unvernunft der Arbeiter oder ihrer Ratgeber schuld daran. Befolgen jedoch die Arbeiter die Ratschläge, die Mill ihnen gibt, so gestaltet sich ihre Lage zufriedenstellend. Aus der Formel $L = \frac{K}{Z}$ ergeben sich daher verschiedene Folgerungen, je nach dem Verhalten der Arbeiter. Wird der Vermehrungstrieb nicht bezähmt, dann muß die Lohnrate sinken und wird wohl zuletzt auf das physische Minimum gelangen. Es gilt dies, wenn der Lohnfonds als gleichbleibend angenommen wird; aber selbst ein Anwachsen des Kapitals wird nicht davor schützen [3]. Wir kämen also — aber nur unter der eben genannten Voraussetzung — auf ein „ehernes“ Lohngesetz. Anders jedoch, wenn die Arbeiter ihrer Vermehrung Einhalt tun; dann können sie sich ein angenehmes Dasein verschaffen. Daran können auch Änderungen im Lohnfonds nichts umstoßen. Daher sagt J. St. Mill sogar an einer Stelle geradezu[4], daß der Arbeitslohn abhängig sei von der Beschränkung der Bevölkerung. Wohl haben die Löhne bei steigendem Kapital die Tendenz zu steigen, bei sinkendem zu sinken [5]; aber unvernünftiges respektive vernünftiges Verhalten der Arbeiter wird zuletzt auch über diese Tendenzen Herr werden. Der Arbeiterstand hat die Macht, den Divisor zu verkleinern, und so kann der Quotient auf die Dauer gleichbleiben oder sogar wachsen, selbst wenn der Dividend abnimmt. Daher denn auch Mill — im Gegensatz zu Adam Smith [6] — in einem stationären

[1] Mill, Principles, S. 226. Soetbeer II, S. 34.
[2] Mill, Principles, S. 230.
[3] Mill, Principles, S. 452, 453.
[4] Mill, Principles, S. 416.
[5] Mill, Principles, S. 430 ff.
[6] Vgl. Wealth of Nations, S. 55, 63.

Zustand der Volkswirtschaft an sich noch kein Unglück sieht, wofern nur die Bevölkerung den energischen Willen in sich trägt, ihre Lebensverhältnisse nicht verschlechtern zu lassen [1].

Dies sind die Hauptpunkte von J. St. Mills Lohnlehre, die sich, wie man sieht, teils an Adam Smith, mehr noch aber an Ricardo anschließt. Es ist merkwürdig, daß er trotz der für die Arbeiter so ungünstig klingenden Annahme eines starren Lohnfonds, schließlich doch zu einer so optimistischen Zukunftsaussicht gelangt. Aber freilich, diese Hoffnung ist teuer erkauft; er will das Volk retten, aber um den Preis, daß seiner Vermehrung Einhalt geboten werde: Ein bitterer und gefährlicher Preis für die Nation.

C. Der Geltungsbereich der Theorie.

Unter welchen Voraussetzungen Mill arbeitet, das zeigt er uns in seinem „System der deduktiven und induktiven Logik". Diese Ausführungen beleuchten in so treffender Weise nicht nur seine Methode, sondern auch die Ricardos und die isolierende Abstraktion überhaupt, daß wir die wichtigsten Stellen wörtlich anführen müssen.

„Die politische Ökonomie", sagt er da [2], „hat es . . . nur mit denjenigen unter den Erscheinungen des gesellschaftlichen Lebens zu tun, die infolge des Strebens nach Vermögen eintreten. Sie sieht von jeder anderen menschlichen Leidenschaft und Neigung vollkommen ab, mit alleiniger Ausnahme derjenigen, die sich in fortwährendem Antagonismus mit dem Verlangen nach Vermögen befinden, der Arbeitsscheu nämlich und dem Verlangen nach dem sofortigen Verbrauch kostspieliger Genußobjekte . . . Die politische Ökonomie betrachtet die Menschheit als lediglich mit dem Erwerben und Verzehren von Vermögen beschäftigt und strebt danach, zu zeigen, zu welcher Handlungsweise die im Gesellschaftszustande lebenden Menschen geführt würden, wenn dieser Beweggrund (von dem Hemmnis abgesehen, das ihm immer in einem gewissen Maße aus den beiden oben erwähnten fortwährend wirksamen Beweggründen erwächst) unbedingte Gewalt über alle ihre Handlungen besäße. Sie zeigt die Menschheit, wie sie unter dem Einflusse jenes Strebens Vermögen ansammelt und dieses Vermögen zur Hervorbringung wieder anderen Vermögens verwendet." Um jedem Mißverständnis vorzubeugen, fügt er hinzu: „Nicht daß je ein politischer Ökonom so töricht war zu denken, die Menschheit sei wirklich so beschaffen; wohl aber ist dies die Art, in der die Wissenschaft notwendig vorgehen muß." Und weiter: „Es gibt vielleicht keine Handlung im

---

[1] Mill, Principles, S. 453 ff.
[2] Mill, Logik III, S. 311 ff.

Leben eines Menschen, bei der er weder unter dem unmittelbaren, noch unter dem entfernten Einfluß irgendeines anderen Triebes als des bloßen Verlangens nach Vermögen stünde." Es ist indes nach dem Vorausgegangenen selbstverständlich, daß die politische Ökonomie nur von den Gebieten der menschlichen Angelegenheiten Kenntnis nimmt, in denen die Erwerbung von Vermögen das hauptsächliche Ziel ist. „Sie geht dabei notgedrungen in der Art vor, daß sie das hauptsächliche und anerkannte Ziel so behandelt, als ob es das einzige wäre; denn dies ist von allen gleich einfachen Hypothesen diejenige, die der Wahrheit am nächsten kommt. Der politische Ökonom legt sich die Frage vor: Welches sind die Handlungen, die durch jenes Verlangen erzeugt würden, wenn es innerhalb der betreffenden Gebiete von keinem anderen Verlangen behindert wäre? Auf diesem Wege wird eine größere Annäherung an die Erkenntnis des wirklich in jenen Gebieten herrschenden Sachverhalts erzielt, als sich auf irgendeine andere Weise erreichen ließe. Diese Annäherung muß hierauf dadurch berichtigt werden, daß man die Wirkungen irgendwelcher anderer Triebe gebührend in Anschlag bringt, von denen man nachweisen kann, daß sie in einem bestimmten Falle das Ergebnis einschränken. Nur in einigen von den stärksten Fällen, wie bei der wichtigen Frage nach dem Prinzip der Bevölkerungszunahme, werden diese Berichtigungen in die Darstellung der politischen Ökonomie selbst eingeschaltet, wobei die Strenge der rein wissenschaftlichen Anordnung der praktischen Nützlichkeit zum Teil geopfert wird. Soweit es bekannt oder zu vermuten ist, daß das Verhalten der Menschen beim Erwerb von Vermögen unter dem Nebeneinflusse irgendeiner anderen Eigenschaft unserer Natur steht, als dem Verlangen, die größte Menge von Vermögen mit dem geringsten Aufwand von Arbeit und Selbstverleugnung zu erlangen: Insoweit werden die Schlüsse der politischen Ökonomie zur Erklärung oder Vorhersagung wirklicher Ereignisse nicht dienlich sein, und man kann sie nur dadurch dazu dienlich machen, daß man das Maß von Einfluß, welches die andere Ursache ausübt, gehörig in Anschlag bringt und jene Ergebnisse dementsprechend modifiziert."

In diesen Worten zeigt uns J. St. Mill in klarster Weise, wie er nach der Isoliermethode arbeitet. Und wir sehen, daß seine Voraussetzungen fast dieselben sind, die wir bei Ricardo gefunden haben. Die Betrachtung geht vom wirtschaftlichen Motiv aus[1], allerdings berücksichtigt Mill noch besonders die menschlichen Neigungen, „die sich in fortwährendem Anta-

[1] Der Egoismus wird nicht eigens betont. Daß Mill ihn nicht für die einzige Triebfeder der menschlichen Handlungen ansah, zeigen seine Ausführungen, Logik, Bd. III, S. 297, 299, sowie einzelne Bemerkungen in den Principles, so S. 244.

gonismus mit dem Verlangen nach Vermögen befinden". Daß die Menschen dann in der Voraussetzung immer nach dem wirtschaftlichen Prinzip handeln, sagt er nicht ausdrücklich; es ist aber wohl in den obigen Ausführungen enthalten. In bezug auf den Fortpflanzungstrieb, der ja gerade in seiner Lohntheorie eine so große Rolle spielt, fühlt Mill offenbar das Mißliche und die Unsicherheit, die durch ihn in die Lohngesetze hineingebracht wird; andererseits sieht er, dessen ganze Lohnlehre vom Fortpflanzungstrieb abhängt, sich genötigt, ihn unter seine Voraussetzungen aufzunehmen. Daher ist denn auch bei ihm noch viel mehr als bei Ricardo die Lohnbildung vom Willen der Menschen abhängig, weil ja bei Ricardo der Gedanke an Lohnbesserung durch Beherrschung des Vermehrungstriebes noch nicht so stark hervortritt.

Wie für Ricardo, so ist auch für Mill der Zustand der freien Konkurrenzwirtschaft die weitere Voraussetzung; aber bei entsprechender Änderung der Prämissen erscheinen die Gesetze auch auf beliebige andere Zustände anwendbar [1]. Dabei ist sich unser Autor wohl bewußt, daß neben der Konkurrenz das Herkommen eine sehr große Rolle spielt. Es ist, wie er sagt, „der mächtigste Beschützer der Schwachen gegen die Starken" [2]; aber bei Ableitung der volkswirtschaftlichen Gesetze kann es nicht berücksichtigt werden. Speziell in bezug auf den Arbeitslohn ist Mill der Ansicht, daß „Herkommen oder individueller Charakter" im gegenwärtigen Gesellschaftszustand viel weniger Bedeutung haben als die Konkurrenz [3].

Die Frage sodann, welche Arbeiterklasse Mill voraussetzt, beantwortet sich sehr leicht; zu Beginn seiner Erörterungen über die Lohngesetze sagt er nämlich ausdrücklich: „Es ist zweckmäßig . . ., bei Erörterung des Gesetzes des Arbeitslohns in der ersten Instanz so zu verfahren, als ob es keine andere Art Arbeit gebe als gewöhnliche ungelernte Arbeit von dem durchschnittlichen Maß Mühe und Unannehmlichkeit" [4]. Zwischen produktiver und unproduktiver Arbeit wird hierbei kein Unterschied gemacht: Auch der Lohn der letzteren hängt vom Lohnfonds ab [5]. Die Verschiedenheit im Arbeitslohn kennt Mill dabei wohl und bespricht sie eingehend an der Hand von Adam Smith' Aufstellung, teilweise beistimmend, teilweise auch von ihm abweichend [6]. Richtig erkennt er, daß hier vielfach nicht die Ausgleichung vorliegt, die Adam Smith zu finden glaubte [7], sondern daß es sich um Monopol-

[1] Mill, Logik III, S. 314, 315.
[2] Mill, Principles, S. 148.
[3] Mill, Principles, S. 207.
[4] Mill, Principles, S. 207. Soetbeer II, S. 1.
[5] Mill, Principles, S. 207.
[6] Mill, Principles, S. 233 ff.
[7] Mill, Principles, S. 235, 236 ff.

preise handelt, so bei der Vertrauensvergütung, bei der höheren Bildung. Er bespricht auch den Lohndruck durch die Konkurrenz von Dilettanten und überhaupt von Leuten, die billiger arbeiten, weil sie nicht vom Lohn der betreffenden Arbeit allein leben [1] — ein Umstand, auf den auch Smith schon hingewiesen hatte [2]. Andererseits kann aber nach Mill ein Grundbesitz, der „bis zum Belauf des wirklichen Lebensbedarfs von dem Arbeitsmarkt unabhängig macht", lohnsteigernd wirken [3]. Auch auf die Frauenarbeit und die Gründe ihrer niedrigen Entlohnung kommt Mill zu sprechen [4]. Die Bedeutung des Herkommens weiß er ebenfalls, wie schon erwähnt, zu würdigen, wenngleich vielleicht nicht in genügendem Maße [5]. Die strenge Scheidung, die unter den einzelnen Klassen der Arbeiter durch Herkommen und aus anderen Gründen geherrscht hat, erkennt Mill wohl an. Sie steht natürlich der Auswirkung der Lohngesetze über die ganze Bevölkerung hin im Wege, während andererseits innerhalb der einzelnen Klassen sich auch einzelne Vorgänge aus der Lohngesetzmaschinerie abspielen können. Der Arbeitslohn in jeder dieser Klassen wird „mehr durch die Zunahme ihrer eigenen Bevölkerung als durch die allgemeine Volksvermehrung des Landes reguliert" [6]. Übrigens bemerkt Mill, daß die Klassenscheidung immer mehr abnimmt: „Jede Klasse ist einer mehr und mehr zunehmenden Konkurrenz, wenigstens von der zunächst unter ihr stehenden Klasse her, ausgesetzt" [7].

Die Bedeutung der Arbeiterverbindungen zum Zwecke höheren Lohnes vermag Mill als Lohnfondstheoretiker natürlich nicht unter dem Gesichtspunkt zu betrachten, wie ihn etwa die heutige Gewerkschaftsbewegung einnimmt: Seiner Theorie nach muß ja jede Lohnerhöhung einer Arbeitergruppe einer anderen abgezogen werden. Trotzdem billigt er eine so zustandegekommene Hochhaltung der Löhne — die seiner Ansicht nach nur durch Beschränkung der Mitbewerberzahl erreicht werden kann — weil die auf diese Weise ausgeschlossene zahlreichere Klasse durch ihre Zulassung höchstens nur für ganz kurze Zeit besser daran sein würde [8]. Auch sieht Mill sehr wohl ein, daß der einzelne Arbeiter dem Unternehmer gegenüber der Schwächere ist und daher oft nicht imstande, den eigentlich dem Verhältnis von Nachfrage und Angebot entsprechenden Lohn zu erhalten. Da tritt dann die Arbeiter-

[1] Mill, Principles, S. 240.
[2] Wealth of Nations, S. 91.
[3] Mill, Principles, S. 224. Soetbeer II, S. 30.
[4] Mill, Principles, S. 242.
[5] Mill, Principles, S. 207, 214, 242, 244.
[6] Mill, Principles, S. 238. Soetbeer II, S. 54.
[7] Ebenda.
[8] Mill, Principles, S. 243, 244, 563 ff.

assoziation ein; sie ist „das unentbehrliche Mittel, um die Arbeitverkäufer zu befähigen, bei freier Konkurrenz ihr eigenes Interesse gehörig wahrzunehmen" [1]. In dieser letzteren Auffassung liegt schon eine Abschwächung der Lohnfondstheorie.

Als Mill schrieb, spielte bereits die Auswanderung eine große Rolle; es ist daher nicht zu verwundern, daß er auch ihre Bedeutung für den Arbeitslohn erkannte: Der Arbeitsmarkt wird bei ihm schon international beeinflußt, ja, die Auswanderung hat sogar eine nicht geringe Bedeutung für die Lohnhöhe in der Heimat [2]. Abgesehen davon aber ist der Arbeitsmarkt territorial geschieden, und die Lohnbildung scheint sich nach Mill mit einer gewissen Gleichmäßigkeit über das Land hin zu erstrecken. Auch hierin steht er Ricardo nahe; und so haben wir überhaupt feststellen können, daß seine Voraussetzungen denen Ricardos ganz ähnlich sind, mag auch seine Lohntheorie von jener Ricardos erheblich verschieden sein.

D. Rückblick auf die englischen Klassiker.

Vergleicht man Ricardos Methode mit der von Adam Smith, so sieht man, daß beide deduktiv vorgehen, Ricardo allerdings in weit höherem Maße als Smith, der auch die Induktion vielfach handhabt. Aber Smith benutzt im allgemeinen nicht die Isoliermethode. So wie er die wirtschaftlichen Vorgänge erkennt, stellt er sie uns dar. Er führt sie uns mit dem Grad von Gleichmäßigkeit vor, den er an ihnen vorgefunden zu haben glaubt. Er setzt im allgemeinen nur das und alles das voraus, was er in Wirklichkeit für vorliegend ansieht. Ganz ohne Isolierung geht es freilich bei ihm auch nicht ab. So wird man namentlich sagen können, daß die Lohngesetze im großen und ganzen von dem Gedanken der freien Konkurrenzwirtschaft ausgehen, also von den tatsächlichen Verhältnissen bis zu einem gewissen Grad abstrahieren. Aber diese letzteren werden doch immer wieder berücksichtigt; und da, wo die Isoliermethode sonst hauptsächlich einsetzt, bei den Motiven des menschlichen Handelns, da ist bei Adam Smith nicht allzuviel davon zu finden.

Anders sein Schüler Ricardo. Der greift die Motive heraus, die er als die wichtigsten ansieht, und leitet von ihnen seine Gesetze ab, wohl wissend, daß im wirklichen Leben Störungen der verschiedensten Art der vollen Wirkung dieser Gesetze entgegentreten.

J. St. Mill geht vielleicht ebenso konsequent isolierend vor; nur bespricht er Abweichungen der Wirklichkeit mehr

---

[1] Mill, Principles, S. 565. Soetbeer III, S. 252.

[2] Mill, Principles, S. 232.

als Ricardo, der vielfach darüber hinweggeht. Er will aber außerdem in bewußter Anlehnung an Smith seine theoretischen Grundsätze auch anwenden und dies in seinem Werke durchführen. Prüft man die Voraussetzungen, die einerseits Adam Smith, andererseits Ricardo und Mill machen, so ist im Auge zu behalten, daß ihnen bei ersterem eine ganz andere Bedeutung zukommt als bei den beiden letzteren. Da und insoweit Adam Smith das wirkliche Leben darstellen will, stellt sich die Abweichung davon als ein Fehler dar. Bei den Meistern der Isoliermethode kann man die Übereinstimmung mit der Wirklichkeit gar nicht verlangen; nur das muß man fordern, daß sie von ihren Prämissen konsequent deduzieren und daß sie ihre Voraussetzungen voll ausnützen, also ihnen alles entnehmen, was in ihnen liegen kann. Überblicken wir in diesem Sinn nochmals die Grundlagen der klassischen Lohntheorien, so ist Adam Smith von dem Vorwurf nicht freizusprechen, daß er das Selbstinteresse und speziell das erste, das wirtschaftliche Leitmotiv, allzusehr in den Vordergrund gestellt hat, wenn es auch ganz falsch ist, ihm zu imputieren, er hätte keine anderen Motive gekannt. Dieser Vorwurf kann natürlich Ricardo und Mill nicht berühren. Wohl aber trifft sie die Behauptung Brentanos[1], daß sie aus dem Selbstinteresse gar nicht alle Folgerungen gezogen haben. In der Tat ziehen sie fast nur die Folgerungen, die sich aus dem Gedanken der Konkurrenz direkt ergeben; es liegt aber außerhalb des Bereichs ihrer Erwägungen, daß das Selbstinteresse auch zur Überwindung der Konkurrenz durch die Einigung, zu den Koalitionen der Arbeiterschaft führen und so andere Resultate zeitigen kann. Die Gewerkvereine sind ihnen nicht unbekannt, werden aber von ihnen — auch von J. St. Mill — nicht in ihrer vollen Bedeutung gewürdigt. Ihre ganze Lohntheorie beruht viel mehr auf der Betrachtung der Arbeiter als Produzenten von Arbeitern denn als Produzenten von Arbeit. Der Geschlechts- und Vermehrungstrieb wird insbesondere bei Smith zu mächtig eingeschätzt. Die Abhängigkeit der Bevölkerungsvermehrung von der Höhe der Löhne scheint ihm unumstößlich, Ricardo beinahe sicher; Mill allerdings sieht, durch Frankreichs Beispiel belehrt, die Sache schon anders an. Daß der Vorwurf, den Klassikern sei nur eine einheitliche Arbeiterklasse bekannt, ebenso unberechtigt ist wie der andere, es gäbe bei ihnen keine lokalen Unterschiede, keine Bedeutung der Sitte und des Herkommens[2], das ist schon gezeigt worden. Eher könnte man ihnen vorwerfen, daß sie, in ihrer Zeit befangen, die Möglichkeit eines internationalen Arbeitsmarktes, die Konkurrenz zwischen den

[1] Brentano, Die klassische Nationalökonomie, S. 19.
[2] Vgl. Brentano, Die klassische Nationalökonomie, S. 10.

Arbeitern niedrig und hoch stehender Länder nicht genügend ins Auge gefaßt haben. Aber man kann wohl nicht verlangen, daß die Männer im Zeitalter des Postwagens ihre Blicke auf die Möglichkeiten richteten, die Dampfschiff und Eisenbahn erst geboten haben; und Hinweise auf mögliche Änderung der Lohnhöhe durch ausländische Arbeiter finden sich ja auch bei Ricardo und Mill.

Wir haben im bisherigen Verlauf der Darstellung zwischen den drei besprochenen Typen bürgerlicher Ökonomik mannigfache und bedeutsame Unterschiede gefunden; aber diese Unterschiede werden klein erscheinen beim Vergleich mit dem Schöpfer des „wissenschaftlichen Sozialismus", dessen Lohntheorie wir nun betrachten. Und doch fußt auch Karl Marx auf den englischen Klassikern.

IV.

Das Lohnproblem bei Marx.

A. Allgemeine Grundlagen der Marxistischen Lohntheorie.

Die trostlose Lage der arbeitenden Bevölkerung in England war durch Kommissionsberichte und Schriftsteller, durch Ausstände und Aufstände, durch Sozialisten und Chartisten der Öffentlichkeit allmählich zu Ohren und zu Herzen gekommen. Im Jahre 1844 hatte sie Engels in meisterhafter Weise in seinem Buche dargestellt und mit folgenden Worten die Charakterisierung des englischen industriellen Proletariats resumiert [1]: „Überall, wohin wir uns wenden, finden wir dauerndes oder temporäres Elend, Krankheiten, die aus der Lage oder der Arbeit entstehen, Demoralisation; überall Vernichtung, langsame, aber sichere Untergrabung der menschlichen Natur in körperlicher wie geistiger Beziehung." Er kommt zum trostlosen Schluß, „daß keine Aussicht auf Besserung ihrer Lage da ist" [2]. Nur eines kann helfen: die Revolution; und sie wird in kürzester Zeit kommen, so blutig, wie nur je eine gewesen ist [3]. Wir wissen, daß diese Prophezeiung Engels' gerade für England nicht eingetroffen ist, trotzdem er in Gemeinschaft mit Marx 1848 im Kommunistischen Manifest mit zündenden Worten die Proletarier aller Länder zur Vereinigung und Erhebung aufforderte. Die folgenden Jahre brachten England noch einen glänzenden Aufschwung bis zum Beginn der siebziger Jahre. Und ist den besitzenden Klassen der Hauptanteil am Gewinn zugekommen, so fiel für die Arbeiter doch auch etwas davon ab. Hatte den dreißiger und vierziger Jahren das „schreckenerregende Arbeiterelend" seinen Stempel aufgedrückt, so sind die fünfziger und sechziger Jahre durch einen erstaunlichen wirtschaftlichen Aufschwung charakterisiert [4]. Engels gibt dies 1892 selbst zu im Vorwort zur zweiten Auflage seiner „Lage der arbeitenden Klassen" [5]. Aber freilich,

---

[1] Engels, Lage der arbeitenden Klassen, S. 214.
[2] Engels, Lage der arbeitenden Klassen, S. 277.
[3] Engels, Lage der arbeitenden Klassen, S. 298.
[4] Steffen, Studien, Bd. III, S. 163.
[5] Engels, Lage der arbeitenden Klassen, S. VIII ff., besonders S. XXXIII.

auch damals noch gab es gerade genug Arbeiterelend. Von der Lage im Jahre 1865 nun, d. h. der Zeit, „wo die britische industrielle Prosperität ihren Höhepunkt erreicht hatte“[1], geht Marx in seinem „Kapital“ aus, dessen erster Band 1867 erschien. Dasselbe Zeitalter, das so manche gleichzeitige Ökonomen zu begeisterten Jubelhymnen veranlaßt hatte, fand vor seinen Augen wenig Gnade; das Kapital, von seinen Zeitgenossen angebetet, erschien ihm als blut- und schmutztriefendes Ungetüm.

Ist dieser in die Augen springende Unterschied des Standpunktes nun aber der einzige, ja auch nur der bedeutendste, der Marx von seinen Gegnern scheidet? Bedenken wir: Den biederen britischen Ökonomen tritt der deutsche Jude entgegen, der, von der Hegelschen Philosophie herkommend, in Frankreich durch die Revolutionsbewegung hindurchgegangen ist und sich nun in die englische Nationalökonomie eingearbeitet hat — muß er ihr nicht ganz anders gegenüberstehen? In der Tat merken wir sofort einen tiefgehenden Unterschied mit aller bisherigen politischen Ökonomie. Nicht so schnell wird uns klar, worin das Wesen dieses Unterschieds besteht. Sehen wir zunächst die äußeren Formen an, so fällt uns vielleicht zuerst die algebraische Einkleidung in die Augen. Sie ist jedoch nicht so wesentlich und auch nicht erst von Marx erfunden worden[2]. Ist es vielleicht die starke Betonung des Geschichtlichen? Historisch hatte auch schon Adam Smith gearbeitet, und zwar in der Weise, daß er nach mehr oder weniger theoretischer Ableitung seine Sätze mit historischen Tatsachen zu erhärten suchte: Das aber findet sich bei Marx wieder. Viel trägt sicher auch zu seiner Kennzeichnung die Wucht und Energie bei, mit der Marx seine Gedanken vorträgt, die Konsequenz, mit der er sie zu Ende denkt; die Zielstrebigkeit, mit der jedes Wort im „Kapital“ dem Grundgedanken des Werkes untergeordnet ist. Aber der Hauptunterscheidungspunkt ist doch wohl schon damit verknüpft, daß Marx ein viel weiteres Gebiet behandelt — trotz des scheinbar engeren Titels. Was die Klassiker erforscht hatten, war Nationalökonomie gewesen. Auch Marx untersucht die Nationalökonomie; aber er stellt sie auf einen breiteren Boden. Zunächst weitet sich ihr Umfang aus über die Grenzen der bisherigen Wirtschaftswissenschaft: sie wird zu einer allgemeinen Gesellschaftslehre. Hatten die Klassiker auch manche Enklaven bebaut, die außerhalb der Nationalökonomie lagen, hatten insbesondere Smith und Mill den Zusammenhang mit der ganzen Anschauung von der Gesellschaft zu halten

[1] Engels, Lage der arbeitenden Klassen, S. XIII.
[2] Vgl. Masaryk, Grundlagen, S. 265.

gesucht [1], so kann man doch bei den Klassikern eigentlich nicht von Soziologie reden. Marx',,Kapital" dagegen im Zusammenhang mit seinen übrigen Schriften steht auf diesem Boden. Dies liegt besonders auch ausgedrückt in seiner historischen Auffassung. Wohl hatten die Klassiker auch Untersuchungen über die Vorzeit angestellt; doch war es ihrer Zeit noch nicht gegeben, den Entwicklungsgedanken als Ordner in dem Chaos der wirtschaftlichen Tatsachen wirken zu lassen; wohl kennen sie ein Fortschreiten vom armen zum wirtschaftlich blühenden Zustand, nicht aber wissen sie die Wandlungen der Wirtschaftssysteme richtig zu würdigen. Sie kennen vielmehr zwei Idealzustände: einmal den ursprünglichen, den „original state of things", und dann einen zukünftigen des mehr oder weniger freien Verkehrs, der, mit der zeitgenössischen Technik ausgestattet, sich besonders auch durch das Privateigentum am Boden vom ursprünglichen unterscheidet [2]. Die dazwischenliegenden lästigen Beschränkungen des Verkehrs und der Gewerbe, namentlich aus älterer Zeit, besonders aber frühere, noch unfreiere Wirtschaftssysteme werden als unzweckmäßig nachgewiesen, aber nicht aus ihrer Zeit heraus erklärt [3].

Anders Marx. Er vernachlässigte nicht etwa die Wirtschaftstheorie, aber er zeigte, „wie man die Einsicht in den historischen Charakter des Wirtschaftslebens, also seine stete Wandelbarkeit im Ablauf der Geschichte vereinigen kann mit einer systematischen Erfassung der ökonomischen Vorgänge" [4]. Bei ihm ist alles notwendige Entwicklung. „Wie Darwin das Gesetz der Entwicklung der organischen Natur, so entdeckte Marx das Entwicklungsgesetz der menschlichen Geschichte", rief Engels seinem Freunde ins Grab nach [5]. Auch Marx' Revolutionstheorie, nach welcher die Übergänge von einem Produktionssystem zum anderen gewaltsam erfolgen, soll nur ein eigentümlich modifizierter Evolutionismus sein.

Aber wenn die Entwicklung auch der Darwinschen ent-

---

[1] Gothein, Artikel „Gesellschaft und Gesellschaftswissenschaft", Handwörterbuch der Staatswissenschaften, 3. Auflage, Bd. IV, S. 686.

[2] Vgl. dazu Wealth of Nations, besonders S. 49, 50.

[3] Vgl. dazu besonders die Einleitung zu Wealth of Nations, S. 1 ff., charakteristisch auch S. 292: „Had human institutions never disturbed the natural course of things, the progressive wealth and increase of the towns would, in every political society, be consequential, and in proportion to the improvement and cultivation of the territory or of the country"

Ricardo ist hier überhaupt nicht so heranzuziehen. Seine Urzeitmenschen, z. B. Principles S. 17, wollen keine historischen Gestalten, sondern Abstraktionen sein.

[4] Sombart, Karl Marx und die soziale Wissenschaft, Arch. f. Sozialwissenschaft und Sozialpolitik, Bd. 26, S. 445; vgl. Engels, Anti-Dühring, S. 137 ff.

[5] Engels an Marx' Grabe, zitiert bei Masaryk, Grundlagen, S. 103.

sprechen soll [1], so geht sie doch bei Marx nicht den allmählichen Gang, den der Naturforscher beobachtet hatte; vielmehr vollzieht sie sich nach seiner, der Hegelschen nachgebildeten Dialektik in Gegensätzen: So wird der ursprüngliche Kommunismus durch die Entstehung des Privateigentums mit immer mehr kapitalistischer Zuspitzung negiert; die Vergesellschaftung des Arbeitsprozesses bereitet dann den Boden vor für eine Revolution, durch welche die nunmehr überflüssige Institution des Privateigentums negiert wird: Negation der Negation. In der menschlichen Gesellschaft geschieht die Entwicklung durch Klassenkämpfe. Es ist jeweils eine Klasse, die die zukünftige Produktionsform in sich verkörpert. Heutzutage ist es das Proletariat. Diese Klassen sind typisch für Marx. Aber allerdings, im Urzustand scheint es ebensowenig Klassen gegeben zu haben wie in der Zukunftsgesellschaft [2]. Das Revolutionäre der Entwicklung ist übrigens im „Kapital" den früheren Schriften gegenüber abgeschwächt. Aber ganz verwischt ist es keinesfalls [3].

Hier sehen wir also die Bedeutung der Hegelschen Dialektik für Marx [4]. Sie ist nicht bloß ein gutes Mittel der Darstellung; sie soll nach Marx wirklich die Art weisen, in welcher die Entwicklung sich vollzieht: nach Thesis, Antithesis und Synthesis; „ein äußerst allgemeines . . . Entwicklungsgesetz der Natur, der Geschichte und des Denkens" nennt es Engels [5]. Ist das ganz neu für die politische Ökonomie? Als durchgeführtes System gewiß. Aber doch liegt diese Art zu denken den Menschen viel zu nahe, als daß man nicht auch schon früher im einzelnen darauf verfallen wäre. Was ist es z. B. anders als Negation der Negation, wenn die Klassiker auf den Zustand der natürlichen Freiheit den der wirtschaftlichen Gebundenheit folgen lassen, der dann seinerseits durch den bekannten Idealzustand der Kulturfreiheit — so möchte man ihn nennen — wieder negiert wird? [6] Immerhin ist die Dialektik gewiß ein hervorstechendes Kennzeichen Marxscher Denkweise.

---

[1] Hammacher sagt, daß Marx und Engels den Darwinismus „mit Begeisterung begrüßten"; vgl. S. 126 und die dort zitierten Stellen aus Engels. Für Marx könnte aus dem „Kapital" z. B. Bd. I, S. 335, Anm. 89 herangezogen werden.

[2] Vgl. Engels, Ursprung der Familie, S. 121 ff.

[3] Hammacher, S. 225; er findet S. 211 ff. bei Marx einerseits eine (mehr revolutionäre) Gegensatzentwicklung, andererseits eine (mehr evolutionäre) Widerspruchsentwicklung.

[4] Marx selbst spricht sich über seine Stellung zu Hegel aus: Kapital, Bd. I, S. XVII, XVIII.

[5] Anti-Dühring S. 132.

[6] Über Negation der Negation bei Rousseau spricht Engels, Anti-Dühring, S. 130. „Die Menschen haben dialektisch gedacht lange ehe sie wußten, was Dialektik war," sagt er auf S. 134.

Sie ist in den Naturwissenschaften ebenso bedeutsam wie in der menschlichen Geschichte. Vom selben Standpunkt aus, von dem Marx die Naturentwicklung betrachtet, will er auch die Jahrhunderte der Geschichte an sich vorbeiziehen lassen. Und da glaubt er zu sehen, wie alles Handeln und Trachten der Menschen vom Realsten zum Idealsten doch zuletzt auf wirtschaftlichen Ursachen beruht: Er gründet seine Lehre auf die materialistische oder, wie man sie besser nennt, auf die ökonomische Geschichtsauffassung [1]. Der Verfasser des „Kapital" hat sich über diese Grundlage seiner Theorie vor allem im Vorwort zu dem 1859 erschienenen Heft „Zur Kritik der politischen Ökonomie" ausgesprochen; die wichtigsten Sätze mögen hier angeführt sein [2]:

„In der gesellschaftlichen Produktion ihres Lebens gehen die Menschen bestimmte, notwendige, von ihrem Willen unabhängige Verhältnisse ein, Produktionsverhältnisse, die einer bestimmten Entwicklungsstufe ihrer materiellen Produktivkräfte entsprechen. Die Gesamtheit dieser Produktionsverhältnisse bildet die ökonomische Struktur der Gesellschaft, die reale Basis, worauf sich ein juristischer und politischer Überbau erhebt, und welcher bestimmte gesellschaftliche Bewußtseinsformen entsprechen. Die Produktionsweise des materiellen Lebens bedingt den sozialen, politischen und geistigen Lebensprozeß überhaupt. Es ist nicht das Bewußtsein der Menschen, das ihr Sein, sondern umgekehrt ihr gesellschaftliches Sein, das ihr Bewußtsein bestimmt". Im Verlauf der Entwicklung „geraten die materiellen Produktivkräfte der Gesellschaft in Widerspruch mit den vorhandenen Produktionsverhältnissen". Es tritt „eine Epoche sozialer Revolution ein. Mit der Veränderung der ökonomischen Grundlage wälzt sich der ganze ungeheure Überbau langsamer oder rascher um."

Das sind die Hauptpunkte von Marx' Geschichtsauffassung. Im „Kapital" sind diese Grundsätze öfters ausgesprochen, aber doch nicht in so ausgeprägter Form. In den späteren Bänden treten sie mehr zurück. Engels bespricht mehrfach den historischen Materialismus ähnlich wie Marx, so namentlich auch in seiner Streitschrift gegen Dühring [3]. Gegen Ende seines Lebens hat er allerdings die Bedeutung dieser Worte abzuschwächen gesucht; in einem Brief vom 21. September

---

[1] Der letztere Name stammt von Paul Barth, Die sogenannte materialistische Geschichtsphilosophie (Jahrbücher für Nationalökonomie und Statistik, 3. Folge, Bd. XI, S. 9). Bernstein, Voraussetzungen, S. 13. Erdmann, Die philosophischen Voraussetzungen, S. 4. In letzterem Aufsatz S. 32 ff. ist auch gezeigt, daß die ökonomische Geschichtsauffassung nicht notwendige Konsequenz des philosophischen Materialismus ist, wie Marx und Engels glaubten.

[2] Marx, Zur Kritik der politischen Ökonomie, S. LV.

[3] Anti-Dühring S. 253.

1890 hält er zwar aufrecht, die Produktion und Reproduktion des wirklichen Lebens sei in der Geschichte in letzter Instanz das bestimmende Moment; sie sei aber nicht das einzige bestimmende Moment [1]. So sehen wir, daß sowohl Marx als besonders Engels ihre Anschauungen mit der Zeit modifiziert haben, daß jedenfalls Engels' Schlußauffassung sich nicht unerheblich von dem unterscheidet, was Marx im Vorwort der „Kritik der politischen Ökonomie" verkündet [2].

Bei aller Bedeutung der Entwicklung im Marxschen System ist aber doch nicht nur sie dargestellt. Man kann zunächst bei Marx Statik und Dynamik unterscheiden. Man wird dann unter Statik die Untersuchung der gesellschaftlichen Zustände im Gleichgewicht verstehen, soweit sie das für alle Zeiten Grundlegende, das Gemeinsame enthalten [3]; Dynamik aber ist als die Lehre von den gesetzmäßigen Veränderungen, von der Entwicklung aufzufassen. So glaube ich im Anschluß an Comte die beiden Begriffe ansehen zu dürfen. Zur Statik in diesem Sinne gehört dann die materialistische Lehre vom Unter- und Überbau [4]. Ebenfalls hierher zu rechnen sind so manche feinsinnige Ausführungen, die mehr in der Richtung der eigentlichen Nationalökonomie, und zwar der reinen Wirtschaftstheorie, liegen; ich denke da namentlich an Stellen in

---

[1] Der soc. Akadem. 1895, 1. Oktober: Ein Brief von Fr. Engels. Zur Kritik der materialistischen Geschichtsauffassung. Zitiert bei Masaryk, Grundlagen, S. 104.

[2] Eine gute Übersicht über die Entwicklung der Marx-Engels'schen Geschichtsauffassung bei Masaryk, Grundlagen, S. 92 ff.; zu vgl. auch Bernstein, Voraussetzungen, S. 4 ff., der ebenfalls die Phasen der Entwicklung skizziert, aber unter Berufung auf Engels auch vonAnfang an keine ganz rein ökonomische Geschichtsauffassung annimmt: „Es soll natürlich nicht behauptet werden, daß Marx und Engels zu irgendeiner Zeit die Tatsache übersehen hätten, daß nichtökonomische Faktoren auf den Verlauf der Geschichte einen Einfluß ausüben"; sie hätten ihnen zuerst nur eine sehr viel geringere Mitwirkung zuerkannt (S. 7). Hammacher dagegen erkennt einen wesentlichen Unterschied der früheren und späteren Formulierungen nicht an (S. 463).

[3] Vgl. Comte, Cours de philosophie positive. Paris 1830—1842. Es handelt sich bei der Statik um eine „étude fondamentale des conditions d'existence de la société", im Gegensatz zu den lois de son mouvement continu, IV, 1, S. 318, ähnlich S. 320, 324, 537, I, S. 579. Vgl. Waentig, Auguste Comte und seine Bedeutung für die Entwicklung der Sozialwissenschaft, S. 150, 342. Hammacher, Marxismus, S. 133, 211. Eisler, Wörterbuch der philosophischen Begriffe, Bd. III, Artikel „Soziologie", S. 1381. Gothein, Handwörterbuch der Staatswissenschaften, 3. Auflage, Bd. IV, S. 680 ff., besonders S. 693. Wenn bei Hammacher die Einteilung des Marxistischen Systems nach Statik und Dynamik eine so große Rolle spielt, Masaryk aber (Grundlagen, S. 65, auch 77) überhaupt eine Statik bei Marx bestreitet, so liegt das natürlich an einer verschiedenen Auffassung der Begriffe Statik und Dynamik. (Masaryks Definition dieser Begriffe, S. 76, Anm.)

[4] So bei Hammacher S. 134 ff.

einem Teil des fünften Kapitels [1]; da wird „der Arbeitsprozeß . . . abstrakt betrachtet, unabhängig von seinen geschichtlichen Formen, als Prozeß zwischen Mensch und Natur“ [2].

Räumlich indes umfassen diese Partien nur einen geringen Teil des „Kapital“. Ist nun alles andere Dynamik? Unzweifelhaft sind alle Partien dynamisch, in denen die Entwicklung, das Vorwärtsschreiten dargestellt wird. Nun finden wir aber viele Kapitel, in denen das nicht der Fall ist; es ist vielmehr ein Zustand, der analysiert oder beschrieben wird; so gleich die ersten Kapitel. Sind sie aber nun statisch? Will man den Begriff statisch fassen, wie ihn Comte angenommen hat, so gehört dazu nicht nur die Ruhe, der Zustand, sondern vor allem auch der Gedanke, daß das allen Epochen Gemeinsame, Grundlegende dargestellt werde. Dies geschieht aber in den fraglichen Marxschen Kapiteln mit nichten. Hier wird eine bestimmte Epoche dargestellt und analysiert, aber, im Gegensatz zu den die Entwicklung darlegenden Kapiteln, in einem angenommenen Zustand der Ruhe. Der Autor hat der unaufhaltsamen Entwicklung einmal Halt kommandiert und untersucht den nun als starr angenommenen Körper seines Objekts, um ihn in dem nächsten Kapitel wieder in vollem Leben auf seiner Bahn weitersausen zu lassen. Ich meine also, die Unterscheidung von Statik und Dynamik bei Marx mag bestehen bleiben. Bedeutungsvoller speziell für die vorliegenden Untersuchungen, wo es sich in erster Linie um die Lohntheorie handelt, erscheint aber die Scheidung zwischen Zustand und Entwicklung in dem ausgeführten Sinne. Ich bezeichne also im folgenden mit Darstellung des „Zustands“ jene Teile des Marxschen Werkes, in welchen der Kapitalismus in der Ruhe aufgezeigt ist, ohne Rücksicht auf seine immerwährende Entwicklung; diese ist vielmehr ausgeschaltet. Unter Darstellung der „Entwicklung“ verstehe ich dann die Teile, in denen der Kapitalismus in seiner notwendigen Veränderung untersucht wird, mit seiner Vergangenheit und Zukunft, als Negation der vorhergehenden Periode seine eigene Negation schon in sich tragend. Die Darlegung des Zustands will somit einen Querschnitt geben, die der Entwicklung einen Längsschnitt. Während Ricardo im geraden Gegensatz zu Marx uns eigentlich nur einen Querschnitt vorsetzt, ist es bei Marx der Längsschnitt, der die tiefere Bedeutung hat.

Vergleichen wir diese Einteilung nach Statik und Dynamik, so sind die Partien der Entwicklung unzweifelhaft als dynamisch anzusprechen; die des Zustands kann man aber aus den angeführten Gründen nicht mit der Statik identifizieren. Zu unterst bleibt dann immer noch die eigentliche Statik.

[1] Kapital, Bd. I, S. 139 ff.

[2] Kapital, Bd. I, S. 472; vgl. Hammacher S. 420.

Natürlich sind aber die Darstellungen von Zustand und Entwicklung oft ineinander verschmolzen. Bei vielen Stücken wird man unzweifelhaft sagen, wohin sie gehören; betreffs anderer mag man schwanken. Viele sind in der Mitte, so daß eine restlose Bestimmung unmöglich. Das liegt in der Natur der Sache. Denn die Unruhe steckt ja dem Kapital im Blut; es will Mehrwert hecken und akkumulieren. Und so liegt auch in der Darstellung des Zustandes meist schon der Keim der Entwicklung. Wir wollen aber im folgenden unter Darstellung der Entwicklung noch nicht jede Bewegung verstehen, sondern erst die mit einer bestimmten Tendenz voranschreitende; noch nicht die Momentphotographie des bewegten Körpers, sondern erst seine kinematographische Aufnahme, wenn dieses freilich etwas hinkende Bild erlaubt ist; um ein konkretes Beispiel zu nehmen: Noch nicht die Auseinandersetzung des Mehrwerts, nicht des absoluten und auch nicht des relativen, sondern erst die Darlegung, wie eben durch den Mehrwert die Entwicklung voranschreitet, das Kapital akkumuliert. Die Abschnitte des „Kapital“ kurz übersehen, beginnt Marx den ersten Band mit Zustandsuntersuchungen; aber schon im ersten Abschnitt schieben sich Analysen der Entwicklung ein. Allmählich wird die heutige Zeit mit einem weiteren Hintergrund ausgestattet, Vergangenheit und Zukunft ergänzen das Bild, wir erkennen die Kräfte der Entwicklung. Schon im vierten Abschnitt sind sie stark am Werk. Die Schlußkapitel des ersten Bandes sind nur vom Standpunkt der Entwicklung zu betrachten. Ähnlich durchkreuzen sich die Betrachtungsweisen auch in den anderen Bänden, die uns freilich hier weniger interessieren. Besonders klar und bedeutungsvoll ist, wie zu zeigen sein wird, diese Scheidung in der Lohntheorie; sie hilft zur Überwindung mancher scheinbarer Widersprüche. Der von Hammacher[1] bemängelte „Dualismus der Lohntheorie, die einmal den natürlichen Preis, dann aber das Gesetz der industriellen Reservearmee maßgebend sein läßt,“ scheint mir bei der hier vorgenommenen Zweiteilung zu einer bloßen Verschiedenheit der Betrachtungsweise herabzusinken.

Bei diesem Wechsel von Zustand und Entwicklung ist natürlich die Entwicklung das Beherrschende in Marx' Werk. Die Darstellung des Zustands, so wichtig und bedeutsam sie ist, rückt doch in die zweite Linie. Ich möchte das Verhältnis von beiden bei unserem Autor vergleichen mit einem mächtigen, reißenden Strome, dessen Lauf bisweilen durch große Seen unterbrochen wird, in denen er sich klärt. So wie dieser Wechsel von See und Strom erscheint mir auch der Wechsel von Zustand und Entwicklung in der Anlage des Marxschen Werks.

[1] Hammacher, Marxismus, S. 561 ff.

Dabei ist der Strom das Primäre, das Richtunggebende. Marx bezeichnet es selbst als letzten Endzweck des „Kapital", das ökonomische Bewegungsgesetz der modernen Gesellschaft zu enthüllen [1]. Natürlich versteht er unter dieser Bewegung eine Entwicklung.

Es ist nun auch nicht schwer zu erraten, welcher Zustand es ist, auf den sich alles Interesse konzentriert, der vor allem dargestellt wird. Es ist der moderne Kapitalismus — die Entwicklung zeigt den Strom, der zu diesem See hin- und von ihm wegführt. Wir können die Zustandsdarstellung mit der Untersuchung des Kapitalismus identifizieren. Eine kleine Einschränkung müssen wir dabei jedoch machen. Wenn Marx am Anfange des ersten Bandes die Wertlehre erläutert, so spricht er zwar gleich in der ersten Zeile von „kapitalistischer Produktionsweise", aber er geht doch eigentlich vom Zustand der einfachen, also vorkapitalistischen Warenproduktion aus. Allerdings paßt diese Analyse mit einer Ausnahme auch für den Kapitalismus: Er untersucht in diesem ersten Abschnitte die Begriffe, die beiden Zuständen gemeinsam sind. So können wir doch unsere Behauptung im allgemeinen aufrecht erhalten, daß die Zustandsanalyse den Kapitalismus untersucht. Nur eines stört uns hierbei, das uns im Verlauf der Darstellung noch öfters in die Quere kommen wird: die Vertauschung der Waren nach ihrem Wert. Doch davon später [2].

B. Die Darstellung der Lohntheorie.

1. Die Untersuchung des Zustands.

Wir unterziehen zunächst die Zustandsdarstellung unserer Betrachtung. Marx greift einen Arbeitstag heraus und untersucht ihn [3], und er findet, daß das Arbeitsprodukt dieses Tages mehr wert ist als die Arbeitskraft [4], die es produzierte; d. h. nach dem Marxschen Wertbegriff ist mehr Arbeit erforderlich, um das Produkt des betreffenden Tages hervorzubringen, als um die Arbeitskraft, die es hervorbrachte, ihrerseits zu reproduzieren. Denn „die vergangene Arbeit, die in der Arbeitskraft steckt, und die lebendige Arbeit, die sie leisten kann . . . sind zwei ganz verschiedene Größen. Die erstere bestimmt

---

[1] Kapital, Bd. I, S. VIII.

[2] Engels spricht denn auch im Vorwort zum dritten Band des „Kapital" (S. XVI) von der einfachen Ware am Anfang des ersten Buchs im Gegensatz zur „begrifflich und geschichtlich sekundären Form", „der schon kapitalistisch modifizierten Ware". Berechtigung zu dieser Unterscheidung gibt ihm wohl nur die erwähnte Wertvoraussetzung.

[3] Kapital, Bd. I, S. 192.

[4] Daß es sich um den Wert der Arbeitskraft und nicht um den Wert der Arbeit handle, begründet Marx, Kapital, Bd. I, S. 499.

ihren Tauschwert, die andere bildet ihren Gebrauchswert" [1]. Die Differenz ist die Mehrarbeit, durch die zugunsten des Kapitalisten der Mehrwert erzielt wird. Jedoch nicht sie interessiert uns hier, sondern die Arbeit, die notwendig ist, um die Arbeitskraft des Arbeiters zu reproduzieren; sie stellt sich dar in der „notwendigen Arbeitszeit" [2]. Denn ihre Leistung ist es, die der Arbeiter als Lohn erhalten muß, sie stellt den Wert seiner Arbeitskraft dar. Schon hier sei bemerkt: Zunächst wird die Voraussetzung gemacht, daß alle Waren, also auch die Arbeitskraft, zu ihrem vollen Werte gekauft und verkauft werden [3]. Für die Wertberechnung kommt nicht die Zeit in Betracht, die tatsächlich im einzelnen gebraucht worden ist, sondern die zur Reproduktion gesellschaftlich notwendige Arbeitszeit [4]. Dabei ist die qualitativ höhere Arbeit auf einfache Arbeit zu reduzieren [5].

Der Wert der Arbeitskraft nun „wird bestimmt durch den Wert der notwendigen Lebensmittel, die gebraucht werden, um die Arbeitskraft zu produzieren, zu entwickeln, zu unterhalten und zu verewigen" [6]. Dabei sind aber durchaus nicht bloß die Lebensmittel gemeint, die zur Lebensfristung nebst Fortpflanzung unbedingt erforderlich sind, also etwa, die das physische Existenzminimum umfassen würden [7]. Vielmehr wird der Wert der Arbeitskraft „aus zwei Elementen gebildet, von denen das eine bloß physisch, das andere historisch oder gesellschaftlich ist" [8], und ist somit keine fixierte, sondern eine veränderliche Größe [9]. Er hängt von den gewohnheitsmäßigen Bedürfnissen der arbeitenden Klasse ab, die verschieden sind nach Zeit und Ort, die durch Klima, Boden und vor allem durch historische Einflüsse bedingt werden. Sie stellen sich aber in einem bestimmten Land und in einer bestimmten Epoche als eine feste Größe dar [10]. Der Wert der Arbeitskraft wechselt dann mit dem Wert der diese Bedürfnisse deckenden Güter [11]. Er wird beeinflußt durch die notwendigen Entwicklungs-

[1] Kapital, Bd. I, S. 156.
[2] Kapital, Bd. I, S. 178.
[3] Kapital, Bd. I, S. 278.
[4] Kapital, Bd. I, S. 151, 152.
[5] Kapital, Bd. I, S. 161.
[6] Marx, Lohn, Preis und Profit, S. 76. Kapital, Bd. I, S. 133, vgl. S. 482.
[7] Mit großer Deutlichkeit sagt das Marx, Kapital, Bd. III, 2, S. 395; vgl. Oppenheimer, Grundgesetz, S. 13. Auch Sombart (Archiv Bd. VII, S. 580) nennt „die immer wieder gehörte Meinung von der Theorie eines Existenzminimums bei Marx" „deplaciert". Aber an einem Bedürfnisminimum ist bei Marx doch festzuhalten.
[8] Lohn, Preis und Profit, S. 136; vgl. auch Kapital, Bd. II, S. 378; Bd. I, S. 134.
[9] Lohn, Preis und Profit, S. 137; Kapital, Bd. I, S. 476 ff.
[10] Kapital, Bd. I, S. 134; Bd. III, 2, S. 395.
[11] Kapital, Bd. I, S. 135. Im zweiten Band, S. 315, sagt Marx,

kosten [1], die nicht nur nach Zeit und Ort verschieden sind, sondern vor allem auch bei den einzelnen Berufen [2]. Eine weitere Unterscheidung ergibt sich, je nachdem nur der Familienvater oder auch Weiber und Kinder mitarbeiten; im ersteren Falle wird der Wert einer Arbeitskraft durch die Unterhaltsmittel einer Familie, im letzteren durch wenig mehr als die einer Einzelperson bedingt [3]. Die untere Grenze für den Wert der Arbeitskraft bildet das physische Existenzminimum; die Lohnhöhe wird dann durch die absolut notwendigen Lebensmittel bestimmt [4]. Steht der Lohn auf diesem untersten Punkt, so wird die Arbeitskraft allerdings schon unter ihrem Wert verkauft. Denn „sie kann sich so nur in verkümmerter Form erhalten und entwickeln. Der Wert jeder Ware ist aber bestimmt durch die Arbeitszeit, erfordert, um sie in normaler Güte zu liefern" [5].

Wir finden somit, daß bei Marx der Wert der Arbeitskraft eine ähnliche Größe umfaßt, wie bei Ricardo der natürliche Satz des Arbeitslohns [6]. Es ist bei letzterem Autor schon gezeigt worden, daß er ein ehernes Lohngesetz in dem Sinne, als ob der Lohn für die Dauer auf das Existenzminimum beschränkt bleibe, nicht anerkennt, sondern daß es vielmehr ein gewohnheitsmäßiges Bedürfnisminimum ist, um welches der Lohn herumpendelt. Dauernde Lohnänderungen — meint Ricardo und führt dann besonders J. St. Mill aus — erfolgen nur, wenn das Minimum steigt oder fällt, also die gewohnheitsmäßigen Bedürfnisse sich ändern [7].

Marx legt ein entsprechendes gewohnheitsmäßiges Bedürfnisminimum in seinem „Wert der Arbeitskraft" zugrunde [8]. Er nimmt die dadurch bedingte Lohnhöhe als die durchschnittliche an. Der wirkliche Lohn kann unter und über ihr stehen [9]. Diese Schwankungen, die sich um den festbleibenden Wert der Arbeitskraft herum vollziehen, stellen sich demnach als Änderungen des Marktpreises dar. In der Tat ist auch nach Marx wie bei den anderen Waren, so bei der Arbeitskraft

---

offenbar mehr auf das Tatsächliche Bezug nehmend. allerdings: „Der Arbeitslohn steigt (wenn auch nur selten und nur ausnahmsweise verhältnismäßig) mit dem steigenden Preis der notwendigen Lebensmittel."

[1] Kapital, Bd. I, S. 134, 482.

[2] Lohn, Preis und Profit, S. 76; vgl. Kapital, Bd. I, S. 314.

[3] Kapital, Bd. I, S. 482, 358 ff.

[4] Lohn, Preis und Profit, S. 136; Kapital, Bd. III, 2, S. 394.

[5] Kapital, Bd. I, S. 135.

[6] Vgl. Ricardo, Principles, S. 74.

[7] Vgl. Ricardo, Principles, S. 77; J. St. Mill, Principles, S. 209 ff.

[8] „Abgesehen von der Verwechslung zwischen Arbeit und Arbeitskraft bestimmt Ricardo richtig den Durchschnittslohn." Marx, Theorien über den Mehrwert, Bd. II, Teil I, S. 123.

[9] Lohn, Preis und Profit, S. 136; Kapital, Bd. I, S. 357.

vom Wert der Preis zu unterscheiden. Er ist der „Wertausdruck einer Ware in Gold“ [1]. Und vom natürlichen Preis hebt sich der Marktpreis ab, der die durch Angebot und Nachfrage verursachten Schwankungen widerspiegelt. Auch bei der Arbeitskraft ist demnach die Möglichkeit einer Abweichung des Preises von der Wertgröße gegeben [2]; ein Preiswechsel kann an sich wirkliche Wertwechsel oder bloße Schwankungen der Marktpreise widerspiegeln [3].

Das Pendeln der Marktpreise um den Wert der Arbeitskraft erkennt Marx gemeinsam mit Ricardo; aber er schreibt ihm ganz andere Ursachen zu. Nach Ricardo ist die Mechanik der Bevölkerungsbewegung das Moment, welches den Lohn für die Dauer auf dem natürlichen Satz stehen läßt: Der Lohn sinkt, wenn die Bevölkerungsvermehrung zu heftig war, und mit ihr kombiniert, wirken die Bewegungen des Kapitals. Die Vermehrungstendenz der Bevölkerung ist es, die im allgemeinen eine dauernde Erhebung des Lohns über das gewohnheitsmäßige Bedürfnisminimum nicht duldet. Marx hingegen will seinen „Wert der Arbeitskraft“ nicht auf ein Bevölkerungsgesetz zurückführen, und seine heftigen Angriffe gegen Malthus und dessen Anhänger [4] lassen es als ausgeschlossen erscheinen, daß er überhaupt irgendeine bedeutende Wirkung des Malthusschen Gesetzes hätte annehmen wollen, wenn er auch nicht jeden Einfluß der Bevölkerungsbewegung ausschließt. Die Betrachtungsweise der Klassiker, den Arbeiter als Produzenten von neuen Arbeitern anzusehen, liegt ihm eben gar nicht. Vielmehr ergibt sich seine Auffassung als eine direkte Konsequenz aus seiner allgemeinen Wertlehre: Jede Ware ist soviel wert, als durchschnittlich gesellschaftlich notwendige Arbeitszeit auf ihre Hervorbringung verwendet wurde, also auch die Arbeitskraft; daraus ergibt sich aber das gewohnheitsmäßige Bedürfnisminimum.

Freilich erhebt sich hier die Frage: Wodurch wird der Lohn nun eigentlich in der Nähe des Werts der Arbeitskraft festgehalten? Wie soll man sich das Herumpendeln der Preise um den Wert vorstellen? Das Bevölkerungsgesetz, das bei Ricardo die Maschinerie lenkte, wird von Marx beiseite geschoben. Wir werden später, bei der Darstellung der Entwicklung, sehen, daß jedenfalls auch die industrielle Reservearmee ein dauerndes Steigen des Arbeitslohns über den Wert der Arbeitskraft verhindert; hier aber muß die Berufung

---

[1] Kapital, Bd. I, S. 60; Lohn, Preis und Profit, S. 73.

[2] Vgl. Kapital, Bd. I, S. 67.

[3] Kapital, Bd. I, S. 83.

[4] Z. B. Kapital, Bd. I, S. 580, Anm. 75, S. 602 ff., S. 610 u. a. Auch das eherne Lohngesetz von Lassalle verurteilt Marx als sich auf Malthus stützend. Neue Zeit, Jahrgang 9, Bd. I, S. 570.

auf die Wertlehre genügen. Danach bewegt sich also der Lohn um den Wert der Arbeitskraft, und zwar je nach den Konjunkturverhältnissen. Er steigt bei Zunahme des variablen Kapitals [1], d. h. des Kapitalteils, aus dem die Löhne bezahlt werden. Seine Obergrenze liegt hoch; denn ein Gesetz, das das Maximum der Löhne bestimmte, gibt es nicht [2]. Daß sie nicht über den Wert der Waren hinausgehen können, ist selbstverständlich [3]. Ein Punkt läßt sich allerdings schon vorher finden, über den sie nicht steigen. Da der Arbeitslohn stets die Lieferung eines bestimmten Quantums unbezahlter Arbeit bedingt, kann das Steigen des Arbeitslohns nie bis zum Punkt fortgehen, wo es das System der unbezahlten Arbeit selbst bedrohen würde [4]. Der Lohn sinkt also, wenn er zu heftig gestiegen war, so daß der Profit zu klein, der Stachel des Gewinns abgestumpft wurde [5]. Wir haben also hier auch bei Marx einen automatischen Mechanismus; er will aber die Lohnschwankungen nicht wie die Klassiker durch Schwankungen von Kapital und Bevölkerung erklären, sondern bestimmend ist „in letzter Instanz nur das Verhältnis zwischen der unbezahlten und bezahlten Arbeit derselben Arbeiterbevölkerung" [6]. Denn je mehr die unbezahlte Arbeit zunimmt, desto mehr häuft sich Kapital an, das, um sich zu verwerten, die Arbeiter höher bezahlen muß. Es wird also der Lohn steigen, die unbezahlte Arbeit abnehmen, bis der Punkt erreicht ist, da die Profite zu klein werden. „Die Erhöhung des Arbeitspreises bleibt also eingebannt in Grenzen, die die Grenzen des kapitalistischen Systems nicht nur unangetastet lassen, sondern auch seine Reproduktion auf wachsender Stufenleiter sichern" [7]. Bei diesem zuletzt besprochenen automatischen Mechanismus handelt es sich um den Preis, nicht den Wert der Arbeit, wie aus der Ausdrucksweise und dem ganzen Zusammenhang klar hervorgeht [8]. Natürlich ist es aber möglich, daß dabei auch der letztere steigt. Indessen spielt diese ganze Regulierung bei Marx keine sehr große Rolle und wird an anderen Stellen nicht besprochen. Sie stimmt auch eigentlich nicht völlig mit Marx' sonstiger Auffassung, daß die Löhne durch den Wert der Arbeitskraft bestimmt werden. Übrigens entsteht sie natürlich nur bei gleichbleibender Zusammensetzung der Kapitalien, und wir werden später sehen, daß bei fortschreitender Akkumulation eben bald die Zusammen-

[1] Kapital, Bd. I, S. 577.
[2] Lohn, Preis und Profit, S. 137.
[3] Lohn, Preis und Profit, S. 70.
[4] Kapital, Bd. I, S. 583.
[5] Kapital, Bd. I, S. 583; Kautsky, Karl Marx' ökonomische Lehren, S. 237; vgl. Kapital, Bd. II, S. 386.
[6] Kapital, Bd. I, S. 584.
[7] Kapital, Bd. I, S. 585.
[8] Anderer Ansicht Oppenheimer, Grundgesetz, S. 14.

setzung der Kapitalien sich ändert, und das Steigen der Löhne dann schnell aufhört.

Oppenheimer wendet sich in lebhafter Kritik gegen diese Marxsche Argumentation. Es würde zu weit führen, den Beweisgang Oppenheimers hier zu besprechen; es soll nur gesagt werden, daß gegen den Beweis [1] an sich nichts einzuwenden ist: Mit der Feststellung, daß die Löhne nicht über einen gewissen Punkt steigen können, ist es, wie Oppenheimer richtig nachweist, noch lange nicht bewiesen, daß sie nicht auf einen Punkt gelangen können, an welchem den Arbeitern selbst die Kapitalbildung ermöglicht ist. Wenn aber letzteres der Fall, so wäre allerdings das Marxsche Akkumulationsgesetz durchlöchert. Nun aber scheint mir, daß diese Ausführungen von Karl Marx doch vielleicht nicht so ganz im Zentrum seiner Akkumulationstheorie stehen, wie Oppenheimer wohl annimmt. Die Wertlehre ist für Marx in diesem Falle das Primäre; und deren selbstverständliche Folge ist es, daß die Löhne durch den Wert der Arbeitskraft bestimmt sind [2]; diese Bestimmung aber schließt, wie aus den vorhergehenden Ausführungen ersichtlich, jedenfalls eine Akkumulation von Kapital seitens der Arbeiter aus [3]. Ob der Satz, daß die Löhne sich nicht dauernd über den Wert der Arbeitskraft erheben, überhaupt genügend bewiesen ist, das wieder ist eine Frage für sich, die schon oben berührt wurde. Die Basis des Bevölkerungsgesetzes, auf der die britischen Ökonomen standen, hat ja Marx verworfen; eine andere, hinreichend feste Unterlage hat er m. E. nicht geliefert.

Marx' Gedankengang über die Obergrenze der Löhne knüpft an Ricardo an, der von der Möglichkeit spricht, „daß der Arbeitslohn infolge des Steigens der Preise der Bedürfnisse dermaßen in die Höhe ginge und folglich so wenig als Kapitalgewinnst übrig bliebe, daß der Beweggrund zur Kapitalansammlung verschwände" [4]. Hier ist also nicht die Rede von Erhöhung der Löhne über den natürlichen Satz, sondern es handelt sich um Erhöhung des natürlichen Satzes, respektive um Erhöhung der Nominallöhne. Zwei Seiten später wird jedoch ein Fall erwähnt, bei welchem die Reallöhne steigen. Wir haben also gesehen, daß nach Marx die Lohnsteigerungen, wenn auf eine gewisse Höhe getrieben, den Arbeitern nichts mehr nützen, weil dann der Kapitalprofit zu gering wird. Eine

[1] Oppenheimer, Die soziale Frage, S. 131—142; Theorie der reinen und politischen Ökonomie, S. 667 ff.

[2] So Kapital Bd. I, S. 156.

[3] „Kleine Reservefonds von Geld" können die Arbeiter unter günstigen Umständen bilden. (Kapital, Bd. I, S. 582.) Das ist aber kein Kapital.

[4] Baumstark, S. 258; Ricardo, Principles, S. 274; vgl. S. 276, auch S. 99.

Erhöhung des Kapitalprofits durch erhöhte Warenpreise (die ja dann ihrerseits den Reallohn herabsetzen würden), ist aber gerade nach M a r x wie nach R i c a r d o im allgemeinen nicht tunlich [1].

Der Kapitalist muß immer auf die Gewinnung des Mehrwerts ausgehen. Sein Wunsch kann auf zweierlei Weisen erfüllt werden. Wenn der Mehrwert durch Verlängerung des Arbeitstages entsteht, so spricht M a r x von absolutem Mehrwert. Wird aber durch Verkürzung der notwendigen Arbeitszeit das Größenverhältnis der beiden Bestandteile des Arbeitstags verändert, so entsteht relativer Mehrwert [2]. Ist die Produktion des absoluten Mehrwerts „die allgemeine Grundlage des kapitalistischen Systems", so revolutioniert die Produktion des relativen Mehrwerts „durch und durch die technischen Prozesse der Arbeit und die gesellschaftlichen Gruppierungen". [3] Wie und wodurch nun Änderungen im Wert der Arbeitskraft bewirkt werden, das zeigt M a r x zusammenhängend im fünfzehnten Kapitel des ersten Buches seines „Kapital" [4]. Er untersucht dort die Bedeutung von Größe des Arbeitstags, Intensität der Arbeit und Produktivkraft der Arbeit für den Wert der Arbeitskraft. Und es verwandeln sich dann „durch einfache Übersetzung des Werts, respektive Preises der Arbeitskraft in die exoterische Form des Arbeitslohns alle jene Gesetze in Gesetze der Bewegung des Arbeitslohns" [5].

Indem M a r x zunächst die beiden ersten Faktoren als konstant annimmt, setzt er die Produktivkraft der Arbeit als variabel an und kommt zum Resultat, daß Wert der Arbeitskraft und Mehrwert in umgekehrter Richtung zueinander wechseln; daß der Wechsel in der Produktivkraft der Arbeit in umgekehrter Richtung auf den Wert der Arbeitskraft, in direkter auf den Mehrwert wirkt [6].

Dies ist so zu erklären: Wir setzen den Fall, einem Fabrikanten gelingt eine Erfindung, die es ihm ermöglicht, mit derselben Arbeitskraft zwanzig anstatt wie bisher zehn Paar Stiefel in einem Arbeitstag fertigzustellen. Solange er allein sich dieser Erfindung bedient, ist er in der glücklichen Lage, die Waren zur Hälfte des gesellschaftlichen Wertes, weil in der Hälfte der gesellschaftlich notwendigen Arbeitszeit herstellen, sie aber zum gesellschaftlichen Wert absetzen zu können. Der Unterschied zwischen dem individuellen Wert, zu dem er hergestellt hat, und dem gesellschaftlichen ist ein Extragewinn, der ihm

[1] Lohn, Preis und Profit, S. 8, 42, 140. Ähnlich, aber schon mehr verklausuliert: Kapital, Bd. II, S. 313—315.

[2] Kapital, Bd. I, S. 279.

[3] Kapital, Bd. I, S. 473, 474.

[4] Kapital, Bd. I, S. 482 ff.

[5] Kapital, Bd. I, S. 522.

[6] Kapital, Bd. I, S. 483, 283.

außer dem gewöhnlichen Mehrwert noch zufällt. Er könnte an sich versuchen, ihn direkt voll auszunützen, wird es aber meist auf indirekte Weise tun, indem er seine Ware zu einem etwas unter dem allgemeinen stehenden Preise ausbietet und so seinen Absatz erweitert. Dies wird so lange dauern, bis es auch den Konkurrenten gelungen ist, die Produktivität der Arbeit auf denselben Stand zu bringen. Dann senkt sich allgemein der Preis der Waren und, was bisher individueller Wert für den einen Fabrikanten war, wird gesellschaftlicher Wert [1]. Dabei wird aber der Fabrikant auch nicht immer leer ausgehen. Denn nun ist der Wert der Stiefel allgemein gesunken. Zwanzig Paar Stiefel sind jetzt so viel wert als früher zehn, zwei so viel als früher ein Paar. Das heutige Tagesprodukt ist größer, aber nicht wertvoller als das frühere. Der Wert der Arbeitskraft wurde nicht alteriert, solange der gesellschaftliche Wert der Stiefel nicht gesunken war. Wenn aber nun durch die Verbilligung der Stiefel der Arbeiter zu seinem Lebensunterhalt weniger braucht als früher, dann wird allerdings insoweit auch der Wert der Arbeitskraft gesenkt, der Mehrwert erhöht, sonst nicht. Damit der Wert der Arbeitskraft sinke, kommt es also nicht darauf an, daß die Produktivität der in Frage stehenden Arbeit zunimmt, sondern darauf, daß die Gegenstände billiger hergestellt werden, welche den Lebensunterhalt des Arbeiters ausmachen [2]. Es ist also für den Wert der Arbeitskraft eines Arbeiters entscheidend nicht so sehr seine eigene Produktivität, als die der Hersteller von Lebensmitteln. Der Wert der Arbeitskraft eines Goldschmieds wird durch eine Erhöhung seiner Produktivität nicht verändert; wohl aber wird dies der Fall sein beim Bäcker und beim Schuster.

An zweiter Stelle betrachtet Marx den Wert der Arbeitskraft und den Mehrwert, wenn Arbeitstag und Produktivkraft der Arbeit konstant bleiben, die Intensität der Arbeit als variabel angenommen ist [3]. Im Gegensatz zur Produktivität wirkt die größere Intensität wertsteigernd. Die Produktion eines zwölfstündigen Arbeitstags ist um so mehr wert, je intensiver gearbeitet wird. An der Wertvermehrung nun können sowohl der Preis der Arbeitskraft als der Mehrwert Teil haben; eine Frage für sich ist es aber, wie sich der Wert der Arbeitskraft

---

[1] Kapital, Bd. I, S. 280 ff.

[2] „Man weiß, daß mit vorübergehenden Ausnahmen ein Wechsel in der Produktivität der Arbeit nur dann einen Wechsel in der Wertgröße der Arbeitskraft und daher in der Größe des Mehrwerts bewirkt, wenn die Produkte der betroffenen Industriezweige in den gewohnheitsmäßigen Konsum des Arbeiters eingehen." Kapital, Bd. I, S. 488. Auch an anderen Stellen sagt Marx dasselbe, so Kapital, Bd. I, S. 279, 283 u. a. Es würde aber zur Deutlichkeit von Kapitel 15, I beigetragen haben, wenn er es auch hier ausdrücklich erwähnt hätte; vgl. Ricardo, Principles, S. 96.

[3] Kapital, Bd. I, S. 487.

verhält. Durch die größere Intensität der Arbeit wird auch die Arbeitskraft in höherem Maße verbraucht, ihr Wert somit gesteigert. Es kann also wohl möglich sein, daß Preis der Arbeitskraft und Mehrwert gleichzeitig gestiegen sind, und dennoch der Preis der Arbeitskraft unter ihren Wert gefallen ist, weil eben letzterer noch mehr in die Höhe gegangen ist.

Der Ausgangspunkt der dritten Betrachtung endlich ist Konstanz der Produktivität und Intensität der Arbeit, Variabilität des Arbeitstags [1]. Verändert wird hier zunächst der Mehrwert. Bei Verlängerung des Arbeitstags kann auch der Preis der Arbeitskraft gleichzeitig mit dem Mehrwert wachsen. Aber auch hier mag es sich wohl ergeben, daß der wachsende Preis der Arbeitskraft doch unter ihren Wert gefallen ist, weil letzterer wegen des größeren Verschleißes der Arbeitskraft noch mehr zugenommen hat [2].

Es braucht kaum hinzugefügt zu werden, daß die drei angeführten Formen der Veränderung meist nicht rein vorkommen, sondern daß sich aus ihnen die verschiedensten Kombinationen ergeben; zwei besonders bedeutsame werden von M a r x eigens besprochen [3].

Alle die erwähnten Lohnänderungen sind auf Ursachen zurückzuführen, die vom Kapitalisten oder vielmehr von der kapitalistischen Entwicklung verschuldet sind. Der Arbeiter kann im allgemeinen ihren Lauf nicht aufhalten. Aber er vermag doch bisweilen die ihn schädigenden Wirkungen durch seinen Widerstand zu hemmen, er kann den Wert seiner Arbeitskraft hochhalten [4]. Insbesondere dreht sich der Kampf um den Arbeitstag [5]. Wo der einzelne Arbeiter machtlos ist, da wird vielleicht die Vereinigung der Arbeiter Erfolg haben. Die Gewerkschaft hat also ihre Bedeutung durch die Verteidigung der Lebenshaltung des Arbeiters. Sie kann auch sehr wohl Lohnerhöhungen erzielen, aber es handelt sich doch in der Hauptsache um „Reaktionen der Arbeit gegen vorhergehende Aktionen des Kapitals“ [6]. Trotz Gewerkschaften erscheint die Arbeiterschaft dem Kapital gegenüber als der schwächere Teil. Daher besteht vielleicht die Hauptwirkung des arbeiterlichen Widerstandes in der Erzielung der gesetzlichen Einmischung, die durch den beständigen „seitens der Arbeiter ausgeübten Druck“ zustande kam [7]. Immerhin findet sich bei M a r x der Ausspruch, die Bestimmung der wirklichen Höhe der Profitrate werde nur durch den beständigen Kampf zwischen Kapital

[1] Kapital, Bd. I, S. 489.
[2] Kapital, Bd. I, S. 490.
[3] Kapital, Bd. I, S. 490 ff.
[4] Kapital, Bd. I, S. 486.
[5] Kapital, Bd. I, S. 196.
[6] Lohn, Preis und Profit, S. 136.
[7] Lohn, Preis und Profit, S. 137.

und Arbeit erzielt [1]. Das zeigt, daß er die Koalitionen der Arbeiter auch für den Zustand des Kapitalismus doch nicht so gering anschlägt.

2. Die Untersuchung der Entwicklung.

Wir haben gesehen, daß der Wert der Arbeitskraft steigen oder fallen kann, und daß um diesen Wert ihr Preis sich bewegt; und was wir bis jetzt fanden, scheint trotz anderer Gestaltung seitens des Autors noch nicht so grundverschieden von dem, was die Klassiker gelehrt hatten. Nun aber bringt Marx den neuen Gedanken einer einheitlichen Entwicklung hinein, die im Kapitalismus selber notwendig begründet ist. Das Kapital besteht nach ihm aus dem konstanten und dem variabeln Kapitalteil [2]: Ersterer dient zur Anschaffung von Rohmaterial, Hilfsstoffen und Arbeitsmitteln, aus letzterem wird der Arbeitslohn bezahlt; er wird in Arbeitskraft umgesetzt. Die Ausdrücke „konstant" und „variabel" hat Marx geprägt, weil nach seiner Lehre der konstante Kapitalteil seine Wertgröße im Produktionsprozeß nicht verändert, der variable aber sein eigenes Äquivalent und einen Überschuß darüber, den Mehrwert, reproduziert [3]. Er ist somit der Subsistenzfonds des Arbeiters. Ein solcher ist nicht bloß unter dem kapitalistischen Wirtschaftssystem nötig. „Das variable Kapital ist also nur eine besondere historische Erscheinungsform des Fonds von Lebensmitteln oder des Arbeitsfonds, den der Arbeiter zu seiner Selbsterhaltung und Reproduktion bedarf, und den er in allen Systemen der gesellschaftlichen Produktion stets selbst produzieren und reproduzieren muß" [4].

Das variable Kapital erinnert uns an den Lohnfonds in der bekannten Theorie [5]. Aber wir überzeugen uns leicht, daß es anders aufzufassen ist. War der Lohnfonds starr, so liegt gerade das Wesen des variablen Kapitals darin, daß es wechselt. Schon das Kapital überhaupt ist elastisch [6]; das variable ist in seinem Verhältnis zum konstanten Kapital verschieden und mit steigender kapitalistischer Entwicklung abnehmend; die organische Zusammensetzung des Kapitals ändert sich, und diese Änderung liegt vielfach in der Hand der Kapitalisten und ist auch von den Arbeitern durch ihren Widerstand unter Umständen zu beeinflussen. Wenn Marx ausführlich darlegt, wie „Überproduktion von Kapital begleitet ist von einer

---

[1] Lohn, Preis und Profit, S. 137 ff.
[2] Kapital, Bd. I, S. 171.
[3] Kapital, Bd. I, S. 171.
[4] Kapital., Bd. I, S. 530.
[5] Vgl. Oppenheimer, Grundgesetz, S. 122; Theorie, S. 662.
[6] Kapital, Bd. I, S. 573 ff.

mehr oder minder großen relativen Übervölkerung" [1], so zeigt das wohl am klarsten, in welchem Gegensatz er schließlich zu den Lohnfondstheoretikern steht. Er bekämpft sie denn auch direkt im „Kapital" [2]. Ein gewisser Zusammenhang mit ihrer Lehre ist jedoch nicht zu leugnen.

Der immerfort erzeugte Mehrwert nun wird teilweise wieder zu Kapital und wirkt so zunächst lohnsteigernd [3]; aber bei dieser Akkumulation des Kapitals [4] wird immer mehr das konstante Kapital verhältnisweise vergrößert: Das ist das „Gesetz des steigenden Wachstums des konstanten Kapitalteils" [5]; denn jeder Fabrikant trachtet, durch arbeitsparende Maschinen, die also die Produktivkraft seiner Arbeit erhöhen, die Waren billiger herzustellen, vor allem billiger als der Konkurrent. Bestimmend für die Einführung der Maschine ist dabei „die Differenz zwischen dem Preise der Maschinerie und dem Preise der von ihr zu ersetzenden Arbeitskraft" [6]. Die Unterbietung der Konkurrenz gelingt ihm so lange, bis die übrigen Fabriken dieselbe Produktionsweise anwenden und so schließlich der gesellschaftliche Wert der Ware sinkt, die Ware allgemein zum billigeren Preise verkauft wird [7]. Dann gilt es, abermals noch mehr arbeitsparende Produktionsweisen zu erfinden, um im Konkurrenzkampfe zu siegen, welch letzterer freilich dabei noch durch mancherlei andere Mittel geführt wird: so besonders auch durch alles, was den Preis der Arbeitskraft senken, den Mehrwert erhöhen kann: Verlängerung des Arbeitstags [8], Lohndruck [9], Intensifikation der Arbeit [10], Weiber- und Kinderarbeit [11]. Es handelt sich hier natürlich nicht bloß um Senkung des Werts der Arbeitskraft, sondern vor allem auch um Senkung des Preises unter ihren Wert.

So wird bei wachsendem Kapital durch die Überflüssigmachung der Arbeiter doch der relative Anteil des variablen Kapitals immer kleiner. Die Zahl der beschäftigten Arbeiter sinkt in gewissen Sphären; in anderen wächst sie allerdings auch. Es läßt sich nicht feststellen, daß Marx ein Sinken der absoluten Zahl der beschäftigten Arbeiter überhaupt angenommen habe. Vielmehr nimmt sie schon nach dem ersten

---

[1] Kapital, Bd. III, 1, S. 238.
[2] Kapital, Bd. II, S. 197—198.
[3] Kapital, Bd. I. S. 577; ebenso Bd. III, 1 S. 199, 230, 237.
[4] Kapital, Bd. I, S. 542.
[5] Kapital, Bd. I, S. 587.
[6] Kapital, Bd. I, S. 357.
[7] Kapital, Bd. I, S. 280, 281, 371; Bd. III, 1, S. 247.
[8] Kapital, Bd. I, S. 367 ff. und das achte Kapitel.
[9] Kapital, Bd. I, S. 511, 563; Bd. III, 1, S. 216.
[10] Kapital, Bd. I, S. 373 ff.
[11] Kapital, Bd. I, S. 358 ff.

Band in den Zentren der modernen Industrie zu [1]; aus einer Äußerung des dritten Bandes aber muß man auf Vermehrung der absoluten Arbeiteranzahl im allgemeinen schließen [2]. Jedenfalls wäre aber für Marx diese Zunahme nicht groß; und da die Bevölkerung sich vermehrt, so entsteht eine Zuschuß-Arbeiterbevölkerung, eine relative Übervölkerung: An Kapital überhaupt fehlt es nicht; aber es ist nicht genug variables Kapital verfügbar [3], um alle Arbeiter zu beschäftigen. Des längeren wendet sich Marx gegen die Kompensationstheorie, welche „behauptet, daß alle Maschinerie, die Arbeiter verdrängt, stets gleichzeitig und notwendig ein adäquates Kapital zur Beschäftigung derselben identischen Arbeiter freisetzt" [4]. Tatsächlich können nach ihm allerdings die aus einem Industriezweig hinausgeworfenen Arbeiter sich in einem anderen, durch zuschüssiges Kapital vermehrten, Beschäftigung suchen; aber ihre Aussicht ist nicht sehr groß. Da nun ferner der Kapitalist mit demselben Kapital immer mehr Arbeit aus weniger Arbeitskräften herauszupressen trachtet, da er andererseits „geschicktere Arbeiter durch ungeschicktere, reife durch unreife, männliche durch weibliche, erwachsene Arbeitskraft durch jugendliche oder kindliche verdrängt," so geht die Produktion einer relativen Übervölkerung „noch rascher voran als die ohnehin mit dem Fortschritt der Akkumulation beschleunigte technische Umwälzung des Produktionsprozesses und die entsprechende proportionelle Abnahme des variablen Kapitalteils gegen den konstanten" [5].

Diese große Zahl von Arbeitslosen bildet die industrielle Reservearmee [6], die notwendig ist, um in den Höhepunkten der kapitalistischen Konjunktur dem Kapital als Arbeiter zur Verfügung zu stehen, während sie in den mit genauer Regelmäßigkeit eintretenden Krisen wieder abgestoßen werden. Danach richtet sich der Arbeitslohn. Seine allgemeinen Bewegungen sind im großen und ganzen „ausschließlich reguliert durch die Expansion und Kontraktion der industriellen Reservearmee, welche dem Periodenwechsel des industriellen Zyklus entsprechen" [7], also durch das wechselnde Verhältnis von aktiver Armee und Reservearmee. Natürlich sind damit die Produktionskosten der Arbeitskraft in ihrer Bedeutung nicht aufgehoben.

[1] Kapital, Bd. I, S. 606; Oppenheimer, Grundgesetz, S. 60.

[2] „Die Vermehrung der absoluten Arbeiteranzahl, trotz der verhältnismäßigen Abnahme des variablen, in Arbeitslohn ausgelegten Kapitals geht nicht in allen Produktionszweigen und nicht gleichmäßig in allen vor. In der Agrikultur kann die Abnahme des Elements der lebendigen Arbeit absolut sein." Kapital, Bd. III, 1, S. 246.

[3] Kapital, Bd. I, S. 594.

[4] Kapital, Bd. I, S. 403 ff.; vgl. dazu v. Wenckstern, Marx, S. 34 ff.

[5] Kapital, Bd. I, S. 600.

[6] Kapital, Bd. I, S. 597.

[7] Kapital, Bd. I, S. 602.

Aber auch in kleineren Zeiträumen kann sich, allerdings aus anderen Gründen und ganz abgesehen von den Krisen, ein ähnliches Schauspiel darbieten. Wo Saisonarbeit besteht, muß die Reservearmee die eine Hälfte des Jahres hungern, während sie in der anderen Hälfte „durch unmenschlichen Arbeitszwang" dezimiert wird [1].

Die industrielle Reservearmee nun nimmt immer zu; ihr Druck auch auf die beschäftigte Arbeiterbevölkerung [2] bewirkt auf der einen Seite immer größere Verelendung der Massen [3]; auf der anderen immer größere Akkumulation des Kapitals und Zentralisation in immer weniger Händen [4], bis schließlich „die Stunde des kapitalistischen Privateigentums schlägt. Die Expropriateurs werden expropriiert . . ." [5].

Welche Rolle spielt nun in all diesen Ausführungen etwa eine Bevölkerungslehre? Marx gibt die Existenz eines abstrakten Populationsgesetzes zu, jedoch nur für Pflanze und Tier. Wie dieses lautet, sagt er nicht; es mag aber nach Analogie des Malthusschen gedacht werden. Beim Menschen aber gibt es ein solches Gesetz nicht; hier hat jede historische Produktionsweise ihr besonderes Populationsgesetz [6]. Diese Scheidung wirkt gerade beim Materialisten Marx gewiß befremdend, ist aber, was Masaryk zu übersehen scheint, im Einklang mit seiner allgemeinen Auffassung der Naturgesetze [7]. Gegen Malthus legt Marx eine große Verachtung an den Tag, ohne jedoch eine eigentliche Widerlegung zu unternehmen. Er sagt gegen die auf Malthus sich stützenden Lohntheorien, die die Lohnschwankungen durch Geburtenschwankungen, diese wieder durch Lohnschwankungen erklären wollen: „Bevor infolge der Lohnerhöhung irgendein positives Wachstum der wirklich arbeitsfähigen Bevölkerung eintreten könnte, wäre die Frist aber und abermal abgelaufen, worin der industrielle Feldzug geführt, die Schlacht geschlagen und entschieden sein muß" [8]. Damit beweist Marx aber nicht, daß nicht doch wenigstens eine Tendenz im Malthus-Ricardoschen Sinne wirken kann.

Marx will also für jede historische Produktionsweise ihr besonderes Populationsgesetz haben. Wie dieses für die Epoche des Kapitalismus aussieht, wird von ihm eingehend geschildert:

---

[1] Kapital, Bd. I, S. 444.

[2] Kapital, Bd. I, S. 601, 604, 608.

[3] Kapital, Bd. I, S. 611.

[4] Kapital, Bd. 1, S. 590, 728.

[5] Kapital, Bd. I, S. 728.

[6] Kapital, Bd. I, S. 596.

[7] Masaryk, Grundlagen, S. 297; Kapital, Bd. I, S. XVI, XVII. In der vorliegenden Arbeit wird später noch näher auf den Begriff des Gesetzes bei Marx eingegangen.

[8] Kapital, Bd. I, S. 602.

Unter dieser Produktionsweise entsteht eine relative Übervölkerung (Zuschuß-Arbeiterbevölkerung), die aber nicht im Mangel an Kapital überhaupt begründet ist, sondern im Gegenteil mit der Akkumulation und Zentralisation des Kapitals zunimmt. Die politischen Ökonomen aber sehen nach Marx nur das Äußere, die Übervölkerung, und glauben sie auf das absolute Wachstum der Arbeiterbevölkerung zurückführen zu können, während sie doch durch die Abnahme des variablen Kapitals verschuldet ist [1]. Die Übervölkerung besitzt drei Formen [2]: die fließende in den Zentren der modernen Industrie, die latente, die durch kapitalistische Produktion der Agrikultur auf dem Lande entsteht, und die stockende, die einen Teil der aktiven Arbeiterarmee bildet, aber mit durchaus unregelmäßiger Beschäftigung; „ihre Lebenslage sinkt unter das durchschnittliche Normalniveau der arbeitenden Klasse" [3]; Hausarbeit ist ihre Hauptgestalt. Von dieser — der stockenden — Kategorie sagt Marx, daß nicht nur die Masse der Geburten und Todesfälle, sondern die absolute Größe der Familien im umgekehrten Verhältnis zur Höhe des Arbeitslohns stehe. Hier ist also nach Marx gerade die Armut der Bevölkerungsvermehrung günstig [4]. Als tiefste Stufe unter diesen drei Formen endlich finden wir den Pauperismus. Bei alledem wird aber von Marx zugegeben, daß wachsendes Kapital bei gleichbleibender Zusammensetzung steigende Löhne [5], und steigende Löhne erhöhte Bevölkerungszahl zur Folge haben [6]. Nur wird eben nach marxistischer Lehre die Zusammensetzung eines wachsenden Kapitals nicht lange gleichbleiben, sondern sich verändern.

Überblicken wir Marx' Lohntheorie, so finden wir, daß der Arbeitslohn durchaus nicht an das Existenzminimum gebunden ist, daß er vielmehr in verschiedenster Höhe darüber, allerdings unter gewissen Umständen auch darunter stehen kann [7]; aber mit fortschreitender kapitalistischer Entwicklung hat der Arbeitslohn die Tendenz, beständig zu sinken. Sinkt nun die Lage des Arbeiters auch tatsächlich immer mehr im Laufe der Entwicklung, also in der Weise, daß der Preis unter den Wert der Arbeitskraft zu stehen kommt, dadurch das gewohnheitsmäßige Bedürfnisminimum herabgezogen wird, und

---

[1] Kapital, Bd. I, S. 594.

[2] Kapital, Bd. I, S. 606 ff.

[3] Kapital, Bd. I, S. 608, auch 444.

[4] Kapital, Bd. I, S. 608. Derselbe Gedanke Bd. III, 1, S. 199. Hier ist sogar allgemein ausgesprochen, daß „in der kapitalistischen Produktion das Elend Bevölkerung erzeugt".

[5] Kapital, Bd. I, S. 577 ff.; Lohnarbeit und Kapital, S. 24, 29.

[6] Kapital, Bd. I, S. 578; Bd. III, 1, S. 199.

[7] Über Löhne, die wohl unter dem Existenzminimum stehen, berichtet Marx, Kapital, Bd. I, S. 620.

der Arbeiter mit immer kärglicheren Mitteln sein Leben fristen muß? Oder handelt es sich nur um relative Verelendung, in der Weise, daß dem Arbeiter zwar ebensoviel oder auch mehr Nahrungsmittel zur Verfügung stünden als bisher, daß aber im Vergleich mit den zu ungeahntem Reichtum emporsteigenden Klassen seine Lage doch immer trostloser erschiene? [1]

Im kommunistischen Manifest sowie in „Lohnarbeit und Kapital" herrschte noch unzweifelhaft die erstere Auffassung [2]. Eine so ganz unzweideutige Stellungnahme findet sich im „Kapital" nun wohl nicht. Sicher ist auch hier, daß der Reichtum der Kapitalisten stets zunimmt, daß vermöge der Zentralisation immer mehr Glieder des Mittelstandes in die Reihen der Proletarier und von diesen letzteren immer mehr Arbeitsfähige in die Reihen der Reservearmee versetzt werden [3], also auf eine niedrigere Lebenshaltung sinken. Unter dem zwiefachen Druck zwischen Kapital und Reservearmee muß auch die aktive Arbeiterarmee immer größere Not leiden. „Je höher die Produktivkraft der Arbeit, desto größer der Druck der Arbeiter auf ihre Beschäftigungsmittel, desto prekärer also ihre Existenzbedingung" [4]. Die Reservearmee zwingt — so paradox es klingen mag — die aktive „zur Überarbeit und Unterwerfung unter die Diktate des Kapitals" [5]. Es entsteht eine „Akkumulation von Elend, Arbeitsqual, Sklaverei, Unwissenheit, Brutalisierung und moralischer Degradation . . . auf Seite der Klasse, die ihr eigenes Produkt als Kapital produziert" [6]. Und immer mehr wächst „die Masse des Elends, des Drucks, der Knechtschaft, der Entartung, der Ausbeutung" der Arbeiterklasse [7].

Trotz all diesen krassen Ausdrücken bedeutet aber diese „Verelendung" an sich noch nicht ein absolutes Sinken der Lebenshaltung in dem Sinne, daß dem Arbeiter weniger Lebensmittel zu Gebote stehen als früher. Mehr schon besagt es, wenn Marx formuliert, es sei „die allgemeine Tendenz der kapitalistischen Produktion, den durchschnittlichen Normallohn nicht zu heben, sondern zu senken" [8]. Ob aber die Tendenz wirklich durchdringt, ist auch hier nicht ausgesprochen. Noch

---

[1] Eine solche relative Verelendung zeigt Marx in: Lohnarbeit und Kapital, S. 25—29.

[2] „Der moderne Arbeiter dagegen, statt sich mit dem Fortschritt der Industrie zu heben, sinkt immer tiefer unter die Bedingungen seiner eigenen Klasse herab." Kommunistisches Manifest, S. 31. „Je mehr er arbeitet, um so weniger Lohn erhält er." Lohnarbeit und Kapital, S. 33.

[3] Kapital, Bd. I, S. 600, 609.

[4] Kapital, Bd. I, S. 610.

[5] Kapital, Bd. I, S. 601; Kautsky, Karl Marx' ökonomische Lehren, S. 246.

[6] Kapital, Bd. I, S. 611.

[7] Kapital, Bd. I, S. 728.

[8] Lohn, Preis und Profit, S. 140. Auch Kapital, Bd. II, S. 289, Anm. 32.

am meisten ist wohl aus der Stelle zu folgern, wo Marx von dem unter dem System der kapitalistischen Produktion durch die Maschine überflüssig gemachten Teil der Arbeiterklasse aussagt, er überfülle den Arbeitsmarkt und senke daher den Preis der Arbeitskraft unter ihren Wert [1]. Aber dieses Sinken unter den Wert mag auch von Marx in vielen Fällen wohl bloß als temporär gedacht sein. Andere Stellen könnte man wieder eher für die entgegengesetzte Auffassung anführen [2].

Wir werden daher die Streitfrage[3] über Marx' Auffassung von der Verelendung dahin beantworten, daß nach Marx wohl eine relative und absolute Verelendung der arbeitenden Klassen stattfindet. Die letztere besteht vor allem in der Zunahme der Arbeitsplage, der Abhängigkeit vom Kapital, der moralischen Entartung, ist also insofern mit einem Gleichbleiben des gewohnheitsmäßigen Bedürfnisminimums vereinbar. Speziell verschlechtert sich ferner der Wohnungszustand [4]. Im übrigen ist die Annahme eines direkten Sinkens der Lebenshaltung aus dem „Kapital" nicht mit klaren Worten zu erweisen, aber doch wohl schwer abzuleugnen [5].

Warum wohl Marx diesen wichtigen Punkt nicht deutlicher ausgedrückt hat? War er vielleicht doch der Ansicht, daß gerade die Lohnhöhe durch vereinigten Widerstand der Arbeiter möglicherweise auf ihrer Höhe gehalten werden könne? Seine Ausführungen im Vortrag, den er 1865 im Generalrat der „Internationale" gehalten hat, lassen sich für diese Auffassung anführen [6].

3. Lohntheorie und Wertlehre.

Es ist im Laufe der Darstellung mehrfach auf den Zusammenhang zwischen Wert- und Lohntheorie hingewiesen worden;

---

[1] Kapital, Bd. I, S. 396.

[2] So Kapital, Bd. I, S. 523.

[3] Sie spielte eine Rolle in der durch E. Bernstein 1898 hervorgerufenen Meinungsverschiedenheit über die Gültigkeit der marxistischen Lehre für die heutige Sozialdemokratie. Vgl. Bernstein, Die Voraussetzungen des Sozialismus, 2. Aufl., Stuttgart 1904; Cunow, Zur Zusammenbruchstheorie (Neue Zeit, Jahrg. 17, Bd. I, S. 356 ff., besonders S. 402).

[4] Kapital, Bd. I, S. 623; vgl. Hammacher, S. 302.

[5] Wenn Hammacher meint, daß „ein Beharren des Reallohns selbstverständlich" sei, weil ja der Arbeiter nach Marx schon auf dem Existenzminimum stehe (S. 296 in Verbindung mit S. 293), so ist eben die unglücklich gewählte Ausdrucksweise „Existenzminimum" an dieser Auffassung schuld. Der Arbeiter steht nach Marx auf einem gewohnheitsmäßigen, in den verschiedenen Perioden verschiedenem Bedürfnisminimum, das wohl über dem physischen Existenzminimum stehen kann. „Selbstverständlich" ist es darum nicht, daß der Lohn nicht unter dieses Bedürfnisminimum sinkt. Im übrigen entspricht die im folgenden bei Hammacher (besonders S. 302) zu lesende Auffassung, nach welcher Marx nicht sowohl eine Entwicklung zur Armut, als zum Elend betont, im wesentlichen wohl der hier vorgetragenen.

[6] Lohn, Preis und Profit, S. 131 ff.

jetzt soll noch kurz gezeigt werden, wie die Lohnlehre wirklich auf der Wertlehre aufgebaut ist, und es soll im Anschluß daran untersucht werden, ob sich aus dieser Verbindung durch etwaige Unstimmigkeiten in der Wertlehre Konsequenzen für die Lohntheorie ergeben.

Die Werte der Waren werden nach Marx durch die gesellschaftlich notwendige Arbeitszeit bestimmt [1]. Dies trifft auch zu für die Ware „Arbeitskraft". Da nun im heutigen Stadium der Produktivität die Ware Arbeitskraft regelmäßig mehr als ihren eigenen Wert produzieren kann, so ist der Wert der Ware größer als derjenige der Arbeitskraft, von der sie hervorgebracht worden ist. Wenn nun der Kapitalist die Arbeitskraft zu ihrem Wert kauft und die geschaffene Ware zu ihrem Werte verkauft, so bleibt ihm noch ein Wert, der Mehrwert. Da somit der Arbeiter im Durchschnitt stets nur den Wert seiner Arbeitskraft erhält, der Mehrwert aber dem Kapitalisten zufließt, so muß eine immer zunehmende Akkumulation eintreten. Bei dieser Akkumulation aber geschieht eine verhältnismäßige Vermehrung des konstanten Kapitals gegen das variable, weil so durch Erhöhung der Produktivität zunächst der einzelne Fabrikant unter dem gesellschaftlichen Wert produzieren kann und dann, wenn die Waren allgemein billiger geworden sind, der Wert der Arbeitskraft sinkt. Aus dieser Verminderung des variablen Kapitals aber, der Verdrängung des Arbeiters durch die Maschine, folgt die Verelendung. So beruht die Lohntheorie von Karl Marx durchgehends auf seiner Wertlehre.

Im Gegensatz zu dieser Auffassung steht die von Oppenheimer [2]: Nach ihm ist das Kapitalverhältnis bei Marx „unabhängig vom Wertgesetz durch die historische Entwicklung geschaffen worden und erhält sich, reproduziert sich automatisch, ebenfalls unabhängig vom Wertgesetz, durch den Mechanismus der „kapitalistischen Akkumulation". Würde diese Reproduktion nicht stattfinden, so würde auch die Produktion von Mehrwert aufhören."

Dazu ist zu bemerken: Richtig ist, daß das Kapitalverhältnis, oder genauer vielleicht seine Voraussetzungen, unabhängig vom Wertgesetz durch die historische Entwicklung geschaffen worden sind; denn durch die sogenannte „ursprüngliche Akkumulation", den „historischen Scheidungsprozeß von Produzent und Produktionsmittel", entstand die „Polarisation des Warenmarkts" und die Möglichkeit, die Ware als Arbeitskraft zu behandeln [3]. Nun aber geschieht die Erhaltung und Reproduktion des

---

[1] Kapital, Bd. I, S. 5.

[2] Oppenheimer, Grundgesetz, S. 14; ähnlich: Die soziale Frage, S. 139.

[3] Kapital, Bd. I, S. 680 ff.

Kapitalverhältnisses eben durch die Produktion von Mehrwert, und wenn diese aufhörte, könnte auch das Kapital nicht mehr reproduziert werden; ja, es würde überhaupt aufhören, Kapital zu sein. Es ist also sicher unrichtig, zu sagen, das Kapitalverhältnis reproduziere sich nach Marx unabhängig vom Wertgesetz. Wohl wäre eine Akkumulationstheorie an sich ohne Wertgesetz denkbar. Aber der Marxsche Akkumulationsgedanke ruht durchaus auf der Wertlehre und wäre ohne sie nicht mehr Marxismus.

Ist nun die Wertlehre von so großer Bedeutung für die Lohntheorie, so müssen wir sehen, ob nicht die bekannte Erörterung, die das Verhältnis der Wertauffassung im dritten Bande zu der im ersten Bande zum Gegenstande hat, auch für uns eine Änderung mit sich bringt. Die Marxsche Lohntheorie ist vor allem im ersten Bande des „Kapital" zu finden; Streiflichter darauf fallen auch aus den anderen Bänden, besonders dem dritten. Dürfen wir nun die Äußerungen des dritten Bandes gleich denen des ersten verwerten? Zur Beantwortung dieser Frage ist ein Blick auf den Unterschied zwischen beiden notwendig.

Der erste Band beruht auf der bekannten Anschauung, die Waren würden wirklich zu ihrem Werte vertauscht, d. h. zu Preisen, die um ihren Arbeitswert pendeln. Im zweiten Abschnitt des dritten Bandes erkennt Marx die Entstehung einer Durchschnittsprofitrate an, die also nicht vom variablen Kapital allein, sondern vom ganzen Kapital berechnet wird. Damit ist gegeben, daß auch der Preis der Waren nicht vom Arbeitswert allein bestimmt wird. Denn wenn wir zwei Waren nehmen, zu deren Herstellung dasselbe variable Kapital, also dieselbe Arbeitszeit, aber verschiedenes konstantes Kapital nötig war, so müßten eigentlich nach Band I diese Waren zu ihrem Werte verkauft werden, d. h. zu einem Preis, der außer dem in den Wert der Waren eingehenden konstanten und variablen Kapital noch einen durch die Größe des variablen Kapitals bestimmten Mehrwert umfassen würde. Statt dessen ersehen wir aus dem dritten Band, daß zum konstanten und variablen Kapital noch ein Durchschnittsprofit hinzutritt, der in Prozenten des konstanten plus variablen Kapitals besteht. Es wird also der Preis der Waren, zu deren Herstellung viel konstantes Kapital verwendet wurde, mehr betragen als die dafür gesellschaftlich notwendige Arbeit; umgekehrt ist es mit den Waren, die mit mehr variablem Kapital hergestellt wurden. Die Waren haben also aufgehört, um ihren Wert zu pendeln. Das Vertauschen der Waren zu ihren Werten wird nicht für alle Zeiten ausgeschlossen, sondern für die Periode des Kapitalismus. Es hat aber nach Marx wie nach Engels eine Zeit gegeben, da die Preise tatsächlich um die Werte pendelten.

Engels läßt sie im allgemeinen bis ins 15. Jahrhundert unserer Zeitrechnung dauern [1].

Über die Unstimmigkeit zwischen erstem und drittem Band ist bekanntlich schon viel geschrieben worden. Daß sie besteht, ist wohl nicht zu leugnen [2]. Andererseits darf man es aber nicht so auffassen, als habe Marx zwischen der Abfassung des ersten und dritten Bandes seine Ansicht geändert. Denn er hat nach Engels' Angaben den zweiten und dritten Band 1863—1867 im Entwurf fertiggestellt, während er den ersten Band erst 1867 herausgab [3]. Auch sagt Marx schon in einer Anmerkung des ersten Bandes, daß „die Durchschnittspreise nicht direkt mit den Wertgrößen der Waren zusammenfallen“ [4]. Soll man nun den Grund der Unstimmigkeit darin suchen, daß der Autor sich selbst nicht klar war, oder wird man versuchen, das Austauschen nach dem Wert im ersten Band nur als eine methodische Voraussetzung, eine freigewählte Prämisse anzusehen [5]? Mir scheint, jeder Ausleger wird, solange irgend möglich, den letzteren Weg vorzuziehen haben. Dann ist also eine Untersuchung darüber anzustellen, ob nicht die Resultate des ersten Bandes abgeändert werden, wenn man die Prämisse wegdenkt.

Aufgabe der vorliegenden Arbeit ist es aber nun nicht, nachzuforschen, inwieweit durch die Durchschnittsprofitrate alle Aufstellungen des ersten Bandes vernichtet werden. Wir haben es ja hier nur mit der Lohntheorie zu tun und müssen sehen, ob sie, die ja in der Hauptsache im ersten Band dargestellt ist, etwa im dritten Bande umgestoßen wurde. Durch die Lehre von der Durchschnittsprofitrate wird der Profit des Kapitalisten verändert; der eine erhält mehr, der andere weniger, als wenn die Waren zu ihrem Werte verkauft würden. Immer aber erhält er einen größeren Betrag für die Waren als den Wert der zu ihrer Herstellung notwendigen Arbeitskraft. Der Arbeitslohn wird im allgemeinen zunächst nicht berührt, er

[1] Marx, Kapital, Bd. III, 1, S. 155; Engels, Ergänzung und Nachtrag zum dritten Band des „Kapital“ (Neue Zeit, Jahrg. 14, Bd. I, S. 39).

[2] Vgl. dazu besonders v. Böhm-Bawerk, Zum Abschluß des Marx'schen Systems (Staatswissenschaftliche Arbeiten, Festgabe für Karl Knies).

[3] Kapital, Bd. III, 1, S. V.

[4] Kapital, Bd. I, S. 129, Anm. 37; vgl. Hilferding, Böhm-Bawerks Marx-Kritik, S. 30. Ähnliches besagt Anm. 31 a, Bd. I, S. 182. Beide Anmerkungen stehen schon in der ersten Auflage von 1867.

[5] Bd. III, 1, S. 142 kann für diese Auffassung angeführt werden. Freilich ist damit die Ausdrucksweise des ersten Bandes schwer zu vereinbaren, z. B. Äußerungen wie: „Waren können zwar zu Preisen verkauft werden, die von ihren Werten abweichen, aber diese Abweichung erscheint als Verletzung des Gesetzes des Warenaustausches“ (Bd. I, S. 121); vgl.: Lohn, Preis und Profit, S. 74, wo behauptet wird, „daß die Waren durchschnittlich zu ihrem wirklichen Werte verkauft“ werden.

basiert ja auf dem gewohnheitsmäßigen Bedürfnisminimum. Marx sagt auch, daß es „für den Lohnarbeiter ein gleichgültiger Umstand ist, in welcher Profitrate das ihm abgepreßte Quantum Mehrwert sich ausdrückt“ [1]. Vielleicht mag aber folgender Gedanke auftauchen: Durch die Durchschnittsprofitrate werden die Preise der Waren verändert, also auch der Preis der Ware „Arbeitskraft“. Diese Veränderung des Preises ist auf zweierlei Arten möglich. Einmal dadurch, daß zum Kostpreis der Waren nicht der Mehrwert, sondern der Durchschnittsprofit hinzugeschlagen wird. Derartige Veränderung kann natürlich nur die Preise der Waren betreffen, die kapitalistisch hergestellt werden, bei denen überhaupt ein Profit entsteht. Bei der Produktion der Ware „Arbeitskraft“ aber entsteht bekanntermaßen eben kein Profit [2]. Ferner wäre die Veränderung aber dadurch möglich, daß die Waren, welche in den Kostpreis der Ware eingehen, selbst schon nicht zu ihrem Wert, sondern zu einem davon verschiedenen Produktionspreis erstanden worden sind. Dieser Fall kommt allerdings auch beim variablen Kapital in Betracht, wenn die Lebensmittel der Arbeiter höher oder niedriger als ihr Wert stehen. Aber für die Lohntheorie hat das keine Bedeutung. Der Lohn richtet sich dann allerdings nicht nach dem Wert, sondern dem Produktionspreis der Lebensmittel, wir können auch sagen der Arbeitskraft, aber die Lage des Arbeiters bleibt darum doch dies lbe [3]; sein Reallohn ist ja unverändert. Einige feinere Unterschiede, die aber für die ganze Theorie nicht von Bedeutung sind, ergeben sich, wenn man die Durchschnittsprofitrate den Lohnschwankungen durch Produktivitätsänderung („Kapital“, Bd. I, Kap. 15) zugrunde legt. Es ist also für die Lohntheorie die Aufstellung der Durchschnittsprofitrate zunächst nicht von Einfluß, wir dürfen ruhig annehmen, daß Marx auch im dritten Bande die gleichen Gedanken über sie hatte, und dürfen deshalb die lohntheoretischen Ausführungen des dritten Bandes als Ergänzungen zum ersten Band betrachten. Festgestellt sei also: Während die Preise der kapitalistisch hergestellten Waren nicht mehr um ihren Wert pendeln, ist dies bei der Ware „Arbeitskraft“ wenigstens insoweit anzunehmen, daß die Abweichungen, als für die reale Vergütung des Arbeiters und somit für die Lohnlehre irrelevant, außer Betracht bleiben können.

[1] Kapital, Bd. III, 1, S. 154.

[2] An sich ist eine solche kapitalistische Herstellung der Ware „Arbeitskraft“ nicht ausgeschlossen; sie ist sogar sicher schon vorgekommen. In der Zeit des beginnenden Fabriksystems waren die Männerlöhne sehr niedrig, die Kinderlöhne verhältnismäßig hoch. Da mochte es wohl vorkommen, daß die Kinderarbeit für die Eltern zum gewinnbringenden Gewerbe wurde. Klarer liegt der Fall beim Sklavenhändler.

[3] Kapital, Bd. III, 1, S. 186.

C. Geltungsbereich der Lohntheorie.

1. Die verschiedenen Methoden im „Kapital".

Während Ricardos und Mills Methode verhältnismäßig leicht sich ergab, war die von Adam Smith den vielfachsten Deutungen ausgesetzt. Je nachdem welches Stück seiner Untersuchungen man der Betrachtung unterzog, konnte ein anderes Resultat als das richtige erscheinen. In noch höherem Grade ist das bei Marx der Fall. Vergleichen wir z. B. Kapitel 15 mit Kapitel 24 des ersten Bandes, so sehen wir bei beiden eine gänzlich verschiedene Betrachtungsform; während im 15. aus genau gegebenen Voraussetzungen deduziert wird, gibt uns das 24. ein lebensvolles Bild von der Entstehung des Kapitalismus. Wir können diesen Unterschied im ganzen Werk mehr oder weniger deutlich verfolgen [1]. Den in höherem oder geringerem Maße rein deduktiven, isolierenden Teilen stehen auf der anderen Seite die deskriptiv-historischen gegenüber [2]. Marx ist also hierin Adam Smith vergleichbar, der auch sowohl Deduktion als Induktion in weitem Umfange handhabte. Es finden aber — und das ist nicht unwichtig — die deskriptiv-historischen Partien in größerem Umfang bei den die Entwicklung behandelnden Teilen ihren Platz. Die Darstellung des Zustands erfolgt mehr deduktiv, in mathematischer Ableitung.

Überhaupt sind beide Verfahrensarten nicht überall so streng geschieden, wie etwa im 15. und 24. Kapitel. Denn natürlich kann die Isoliermethode mit mehr oder weniger Voraussetzungen arbeiten, kann sich schrittweise der Wirklichkeit nähern. Es finden sich also Übergangsformen. Und naturgemäß fällt bisweilen später eine Voraussetzung, die am Anfang gemacht wurde. Trotzdem sind beide Methoden durch alle Bände verteilt. Wenn Hammacher [3] im Verfahren des ganzen ersten Bandes eine isolierende Abstraktion sieht und in dieser Hinsicht den zweiten und dritten Band dem ersten gegenüberstellt, so ist das an sich nicht unrichtig aus den ersten Worten des dritten Bandes herausgelesen [4]. Es läßt sich aber angesichts

[1] Vgl. v. Wenckstern, Marx, S. 230.

[2] Nach Hammachers Ansicht setzt Marx „die Isoliermethode absolut und glaubt so das Ganze der Tatsachen, ein historisches Gemälde also, erreicht zu haben (Marxismus, S. 520, ebenso S. 436). Dieser Vorwurf kann meines Erachtens gegen Marx nicht erhoben werden, wenn man die isolierenden und die historisch-deskriptiven Partien bei ihm aussondert. Übrigens erkennt Hammacher auch bei Marx die isolierende Abstraktion an, allerdings in anderer Weise als dies in der vorliegenden Arbeit geschieht (Marxismus, S. 287 ff.), wie gleich gezeigt wird.

[3] Hammacher, Marxismus, S. 287.

[4] Kapital, Bd. III, 1, S. 1. Auch Kapital, Bd. II, S. 326, könnte vielleicht allenfalls in derselben Richtung angeführt werden.

der vielen zweifellos nicht isolierenden Partien des ersten Bandes in dieser Form nicht wohl halten. Dagegen mag man wohl zugeben, daß namentlich bei der Darstellung des Zustands die Isolierung mit dem Fortschreiten des Werkes abnimmt. Dies läßt sich auch mit der angeführten Stelle bei Marx sehr wohl in Einklang bringen.

Wir betrachten zunächst die Voraussetzungen der isoliert-deduktiven Teile, dann die der deskriptiv-historischen.

a) Das isolierende Verfahren.

Bei der Ableitung der ökonomischen Begriffe gebraucht Marx die isolierende Abstraktion; und wenn es sich auch wohl nicht immer um eine so reine Abstraktion handelt wie bei Ricardo, so sieht er doch von vielen tatsächlichen Verhältnissen ab, unterstellt manche Prämissen, und zwar sowohl ausdrücklich als stillschweigend [1]. Er sagt darüber: „In solcher allgemeinen Untersuchung wird überhaupt immer vorausgesetzt, daß die wirklichen Verhältnisse ihrem Begriff entsprechen, oder was dasselbe, werden die wirklichen Verhältnisse nur dargestellt, soweit sie ihren eigenen allgemeinen Typus ausdrücken“ [2]. Marx will also hier den Typus des Kapitalismus zeigen. Dabei muß er aber naturgemäß in der Darstellung des Zustands eine Voraussetzung von vornherein machen: Er muß von der Entwicklung abstrahieren. Bei der Darlegung des Wesens von Mehrwert oder Kapital muß Marx diese Begriffe zunächst so darstellen, als ob sie sich nicht entwickelten und veränderten. Diese Voraussetzung ist um so mehr bedeutungsvoll, und von der Wirklichkeit abweichend, als gerade bei Marx die Veränderung eine solche Rolle spielt. Ohne Rücksicht, ob Zustand oder Entwicklung, folgen dann weitere Prämissen. Als erste ist natürlich die Voraussetzung zu betrachten, daß der Mensch nach seinem wirtschaftlichen Vorteil handeln wolle, dürfe und könne, wie bei Ricardo. Überhaupt finden wir bei den Prämissen in den ersten Kapiteln, daß sie sich zunächst wenig von denen der nach der Isoliermethode arbeitenden Klassiker unterscheiden. Einige mehr im Hintergrund liegende, wenn auch durchaus nicht bedeutungslose Verschiedenheiten mögen hier aber doch besprochen werden. Wenn Ricardo und Marx die Menschen nach dem wirtschaftlichen Vorteil

---

[1] Bis zu einem gewissen Grad, nämlich für die isolierenden Partien, ist also Siebers Urteil berechtigt, das Marx im Vorwort zur zweiten Auflage des Kapital, Bd. I, anführt (S. XIV): „Soweit es sich um die eigentliche Theorie handelt, ist die Methode von Marx die deduktive Methode der ganzen englischen Schule.“ Wobei zu bemerken ist, daß die ganze englische Schule, wie schon gezeigt, durchaus nicht einheitlich nach der deduktiven Methode verfuhr.

[2] Kapital, Bd. III, 1, S. 121.

handeln lassen, so setzen sie zwar dieselben Prämissen, diese Prämissen haben aber für beide Autoren eine verschiedene Bedeutung: Für Ricardo dürfte die Annahme, daß die Menschen nach dem wirtschaftlichen Motiv handeln, ein größeres Abweichen von der Wirklichkeit bedeuten als für Marx, nach dessen ökonomischer Geschichtsauffassung für die Menschen das wirtschaftliche Motiv ohnedies eine so große Bedeutung hat. (Natürlich ist aber hier nicht etwa ohne weiteres das bewußte Handeln nach dem wirtschaftlichen Motiv, wie es der Wirtschaftstheorie als Prämisse dient, mit der unbewußten Beeinflussung der menschlichen Handlungen in Marx' Geschichtsauffassung zu verwechseln.) Beim Kapitalisten ist das wirtschaftliche Handeln noch besonders zugespitzt zum rastlosen Hunger nach stets größerem Gewinn um des Gewinnes, nicht um des Genusses willen, dem „absoluten Bereicherungstrieb" [1].

Wenn ferner beiden Betrachtungen der freie Staat mit Privateigentum und freiem Arbeitsvertrag — er ist wenigstens rechtlich, wenn auch nicht tatsächlich frei — zugrunde liegt, so unterscheiden sich doch beide dadurch, daß die Klassiker diesen Staat als die Normal- und Idealform ansahen, während Marx ihn nur als Durchgangsstadium betrachtete — ein Unterschied von weitreichender Bedeutung, der auch die Gesetze, die Marx von den Klassikern übernommen hat, bei ihm in einem ganz anderen Lichte erscheinen läßt.

Die Vermögensungleichheit ist bei den Klassikern selbstverständliche Voraussetzung insofern, als das Kapital Kapitalisten, der Arbeitslohn aber und speziell die Lohntheorie der Klassiker besitzlose Lohnarbeiter voraussetzt. Bei Marx ist diese Bedingung nur schärfer ausgedrückt und die so bedingte tatsächliche Unfreiheit zur scheinbaren Freiheit in Gegensatz gestellt. Damit Mehrwertproduktion entstehe, muß eine Kapitalistenklasse vorhanden sein, in deren Gewalt die Produktionsmittel sich befinden, und der auf der anderen Seite die besitzlose Masse der Proletarier gegenübersteht. Das ist die zwiefache Freiheit des Arbeiters: „Zur Verwandlung von Geld in Kapital muß der Geldbesitzer also den freien Arbeiter auf dem Warenmarkt vorfinden, frei in dem Doppelsinn, daß er als freie Person über seine Arbeitskraft als seine Ware verfügt, daß er andererseits andere Waren nicht zu verkaufen hat, los und ledig, frei ist von allen zur Verwirklichung seiner Arbeitskraft nötigen Sachen" [2]. „Polarisation des Warenmarkts" nennt Marx diesen Zustand an einer anderen Stelle [3]. Erst dann, wenn dem Arbeiter die Produktionsmittel nicht mehr zu Gebote stehen, wenn es ihm nicht mehr möglich ist, aus

[1] Marx, Kapital, Bd. I, S. 116; derselbe Gedanke Bd. II, S. 92.
[2] Kapital, Bd. I, S. 131; vgl.: Lohnarbeit und Kapital, S. 23.
[3] Kapital, Bd. I, S. 680.

ihnen das für ihn zum Leben Notwendige selbst zu bereiten, erst dann ist er genötigt, seine Arbeitskraft dem Besitzer der Produktionsmittel zu verkaufen, um als Gegengabe den Wert der Arbeitskraft zu erhalten.

Die Arbeiterklasse wird nun als ziemlich gleichartig aufgefaßt; es wird nämlich überall gewöhnliche Arbeit zugrunde gelegt, die das herrschende Durchschnittsmaß von Geschick, Fertigkeit und Raschheit besitzt [1]. Die höhere Arbeit, auf höheren Bildungskosten basierend, muß „stets auf gesellschaftliche Durchschnittsarbeit reduziert werden" [2]. Deshalb stellt auch die qualifizierte Arbeit einen höheren Mehrwert her als die einfache [3]. Damit ist natürlich die Existenz vieler Arbeits- und Lohnklassen nicht geleugnet. Vielmehr erwähnt Marx bei der Manufaktur ausdrücklich die „Hierarchie der Arbeitskräfte, der eine Stufenleiter der Arbeitslöhne entspricht", und die „Scheidung der Arbeiter in geschickte und ungeschickte" [4]. Es liegt aber in der Richtung Marxischer Ideen, die Unterschiede eher zu klein zu sehen. So meint er: „Der Unterschied zwischen höherer und einfacher Arbeit, ‚skilled' und ‚unskilled labour', beruht zum Teil auf bloßen Illusionen, oder wenigstens Unterschieden, die längst aufgehört haben reell zu sein und nur noch in traditioneller Konvention fortleben; zum Teil auf der hilflosen Lage gewisser Schichten der Arbeiterklasse, die ihnen minder als anderen erlaubt, den Wert ihrer Arbeitskraft zu ertrotzen" [5]. Immerhin wird auch die Bedeutung der geistigen Arbeit von Marx nicht ganz verkannt [6]. Daß Marx eigentlich nur die produktive, nämlich die wertschaffende Arbeit in den Kreis seiner Betrachtung zieht, ist bei ihm sehr natürlich, da er ja das wirtschaftlich-soziale Problem überhaupt vor allem als Produktionsproblem sieht [7]. Was zu nicht wertschaffender Arbeit gehört, steht im zweiten Band. Es handelt sich vor allem auch um die Arbeiter, die nur dem Handel dienen, also die kaufmännischen Angestellten, während die bei der Aufbewahrung und dem Transport beschäftigten Arbeiter zu den produktiven gehören können [8]. Die Lage dieser Arbeiter braucht natürlich darum nicht anders zu sein als die der wertschaffenden;

---

[1] Kapital, Bd. I, S. 159; auch S. 11.

[2] Kapital, Bd. I, S. 160, 161.

[3] Kapital, Bd. III, 1, S. 120.

[4] Kapital, Bd. I, S. 314, 315. Besonders auch: Lohn, Preis und Profit, S. 76.

[5] Kapital, Bd. I, S. 160, Anm. 18.

[6] Kapital, Bd. I, S. 472; vgl. Wenckstern, Marx, S. 52, 53.

[7] Wenckstern, Marx, S. 51.

[8] Unproduktive Zirkulationsarbeit, Kapital, Bd. II, S. 98, 100 ff., besonders S. 102, 120; aber produktive S. 117, 120. Sombart, Archiv, Bd. VII, S. 566, 579.

es ist vielmehr anzunehmen, daß sie im großen und ganzen mit ihr übereinstimmt.

Auch bei der Kapitalistenklasse wird von den Verschiedenheiten vielfach zunächst abstrahiert. Es sind wesentlich die Inhaber von Produktionskapital. Die Inhaber von Kaufmannskapital, die Rentenbezieher, werden, wie die Spaltung des Mehrwerts überhaupt, von Marx in den Teilen seines Werkes, wo es sich vor allem um das Verhältnis zwischen Kapital und Arbeiter handelt, noch so ziemlich übergangen. Die übrigen Klassen, die nicht den Typen Arbeiter und Kapitalist entsprechen, fallen im allgemeinen aus dem Kreis der Betrachtung heraus, sie werden als nichtexistierend angesehen [1].

Marx' Betrachtungen richten sich im allgemeinen auf ein einzelnes Land; indessen läßt er die internationalen Beeinflussungen nicht ganz außer Acht. Die internationale Verschiedenheit der Arbeitslöhne, die schon auf den Verschiedenheiten von Klima, Bodenfruchtbarkeit, Lebensgewohnheiten beruht, ist ihm wohlbekannt [2]. Er sagt deshalb, daß „die Teilung des Arbeitstags in notwendige Arbeit und Mehrarbeit in verschiedenen Ländern verschieden“ [3] sei. Auf die territoriale Verschiedenheit wirken natürlich auch alle jene Umstände ein, die die Lohnschwankungen im einzelnen Lande bewirken; sie tragen so zu noch größerer Verschiedenheit der Länder bei. Bedeutungsvoll ist vor allem die Verschiedenheit von Produktivität und Intensität [4]. Über die Wirkungen dieser Verschiedenheit, über die Anziehungskraft der Orte mit hohem Lohn ist jedoch im „Kapital“ nicht viel zu finden; nur gelegentlich spricht Marx davon, daß die Arbeiter dem auswandernden Kapital nachwandern [5].

Außer diesen mehr unausgesprochenen Voraussetzungen gibt es aber noch viele andere, die Marx da und dort macht, wo es ihm gerade passend erscheint, einen Vorgang herauszugreifen und isoliert zu betrachten. Die speziellen Voraussetzungen werden vielfach zu Beginn der Abschnitte und Kapitel aufgestellt, und es ist von großer Wichtigkeit für das Verständnis, diese Fingerzeige nicht außer acht zu lassen. Die wichtigste ist die allgemein für den isolierenden Teil der ersten Bände gemachte Annahme, daß die Waren zu ihrem Wert verkauft werden, obwohl natürlich die Preise unter und über dem Wert stehen können. Auch für die Löhne gilt dies: Es wird unterstellt, daß der Arbeiter jedesmal den Wert seiner Arbeitskraft erhält, obwohl „die gewaltsame Herabsetzung des Arbeits-

[1] Kapital, Bd. II, S. 321.
[2] Kapital, Bd. I, S. 477 ff.
[3] Kapital, Bd. I, S. 357; vgl. Bd. III, 1, S. 121.
[4] Kapital, Bd. I, S. 522.
[5] Kapital, Bd. I, S. 606.

lohns unter diesen Wert" in der praktischen Bewegung eine wichtige Rolle spielt [1]. Der Standpunkt insbesondere des ersten Bandes in dieser Frage ist also der: Die Waren werden im Durchschnitt, im großen und ganzen zu Preisen verkauft, die, durch Angebot und Nachfrage bewegt, um den Wert schwanken. Es wird aber im besonderen in der isolierenden Betrachtung noch die Voraussetzung gemacht, daß die Waren tatsächlich zu ihren Werten verkauft werden [2]. Im deskriptiv-historischen Teil tritt diese Voraussetzung zurück, und im dritten Band gibt Marx, wie schon besprochen worden ist, überhaupt die Annahme auf, daß die Waren zu Preisen vertauscht werden, die um den Arbeitswert pendeln.

Hier ist auch ein Wort über die Bedeutung der Marxschen Gesetze einzufügen. Es scheint mir, daß man bei ihm zweierlei Gesetze unterscheiden muß. Man könnte sie Gesetze der Ökonomie und der Natur nennen, wenn Marx nicht gerade die ökonomischen Gesetze als „Naturgesetze" bezeichnen würde. Dagegen gibt uns die Äußerung eines russischen Kritikers, den Marx im Vorwort zur 2. Auflage des ersten Bandes zustimmend zitiert [3], einen Fingerzeig. Der stellt den ökonomischen als veränderlichen Naturgesetzen, die nur für eine bestimmte historische Periode gelten, die Gesetze der Physik und Chemie gegenüber. Man wird also nach Marx zweierlei Arten von Naturgesetzen unterscheiden. Die einen sind an sich ewige Gesetze, und zu ihnen muß auch das allgemeine Gesetz der Entwicklung gerechnet werden. Die anderen sind die ökonomischen Gesetze, die vor allem von Marx betrachtet werden. Er rechnet sie auch zu den Naturgesetzen [4], obwohl sie nur für bestimmte Perioden gelten. Marx macht nicht den Anspruch, allgemein geltende ökonomische Gesetze zu lehren. Er sagt nicht, daß solche nicht existieren; im Gegenteil weiß er, daß es „allen Produktionsstufen gemeinsame Bestimmungen" gibt [5]; aber sie sind es nicht, die er der Betrachtung unterzieht. So glaube ich Marx' Bestätigung des russischen Kritikers

---

[1] Kapital, Bd. I, S. 563.

[2] Kapital, Bd. I, S. 278, 482; ebenso Bd. II, S. 2, 326, 368.

[3] Kapital, Bd. I, S. XVI.

[4] Kapital, Bd. I, S. 492, Anm. 15 stellt Marx in einer Polemik gegen Malthus den „ewigen Gesetzen der Natur" die „nur historischen Naturgesetze der kapitalistischen Produktion" entgegen. Dazu steht es allerdings in einem gewissen Widerspruch, wenn Marx in einem Brief an Dr. Kugelmann vom Jahre 1868 sagt: „Naturgesetze können überhaupt nicht aufgehoben werden. Was sich in historisch verschiedenen Zuständen ändern kann, ist nur die Form, worin jene Gesetze sich durchsetzen" (Neue Zeit, Jahrg. 20, Bd. II, S. 222). Es liegt hier zweifellos eine Inkonsequenz in der Terminologie vor.

[5] Einleitung „Zur Kritik der politischen Ökonomie", S. XX, ebenso S. XV.

auslegen zu dürfen [1], und auch Äußerungen von Engels kann man wohl so auffassen [2].

Es ist nun klar, daß hier das Wort „Gesetz" anders aufzufassen ist als bei einem ewigen Gesetz. Die ökonomischen Gesetze nach Marx sind aus bestimmten Voraussetzungen gezogene Schlüsse, die nur solange ihre Geltung haben, als diese Voraussetzungen gelten. Dasselbe ließe sich zwar von Ricardos Gesetzen auch sagen. Trotzdem sehe ich zwei große Unterschiede: Einmal beziehen sich Marx' Gesetze großenteils auf die Entwicklung, sind Gesetze einer Veränderung nach einer bestimmten Richtung hin über die heutigen Zustände hinaus, z. B. die Gesetze der Akkumulation, der Verelendung. Die von Ricardo betreffen meist eine bestimmte Epoche, nämlich die des Kapitalismus, ohne den Gedanken an eine andere aufkommen zu lassen. Vor allem aber sind Ricardos Gesetze ewige Gesetze in dem Sinn, daß sie immer gelten, wenn ihre Voraussetzungen vorliegen, und daß diese Voraussetzungen tatsächlich zu allen Zeiten an sich vorliegen können. Die Gesetze sind streng nach der Isoliermethode gewonnen. Ricardo sagt nicht, daß es immer einen Arbeitslohn nach seinem Lohngesetz geben werde; aber er meint, daß unter den gegebenen Voraussetzungen die Lohngesetze zu allen Zeiten wirken werden. Nach Marx dagegen ist das unmöglich. Die bestimmten, auf induktivem Wege gewonnenen Voraussetzungen liegen zu bestimmter Zeit vor, z. B. zur Zeit des Kapitalismus. Sie sind mit dem Gesetz verwachsen, und ihre Veränderung, Umwälzung bildet einen Bestandteil des Gesetzes. In späterer Zeit wird die Entwicklung weitergeschritten sein, sie werden nicht mehr bestehen und ebensowenig die aus ihnen abgeleiteten Gesetze. Damit aber haben namentlich Marx' Entwicklungsgesetze die Exaktheit von Ricardos Gesetzen eingebüßt [3]. Insoweit Marx' Gesetze sich auf den Zustand beschränken, wie z. B. das Wertgesetz, stehen sie auch denen Ricardos noch näher.

---

[1] Kapital, Bd. I, S. XV—XVII. Anderer Ansicht Masaryk, Grundlagen, S. 204 ff.; nach ihm hat „die Behauptung Marx', resp. seines russischen Kritikers, keinen Sinn."

[2] Engels, Ludwig Feuerbach, S. 43; Neue Zeit, Jahrg. 14, Bd. I, S. 39; Anti-Dühring, S. 132, 138. An der letzteren Stelle spricht er davon, daß man wenige, „für Produktion und Austausch überhaupt geltende, ganz allgemeine Gesetze aufstellen" könne. Daß er aber trotzdem allgemeinen rein ökonomischen Gesetzen keinen großen Wert beimißt, zeigt die unmittelkar vorangehende Äußerung: „Wer die politische Ökonomie Feuerlands unter dieselben Gesetze bringen wollte mit der des heutigen Englands, würde damit augenscheinlich nichts zutage fördern als den allerbanalsten Gemeinplatz" (Anti-Dühring, S. 137).

[3] Vgl. dazu Adolf Wagner, Grundlegung I, 1, S. 237 ff.

b) Das deskriptiv-historische Verfahren.

In dem deskriptiv-historischen Teil werden Prämissen im ganzen wohl kaum gemacht. Wie Marx den Menschen mit seinen Trieben in diesen Abschnitten darstellt, so wird er ihm auch wirklich erscheinen. Wie ist nun dieser Mensch beschaffen? Wenn nach Marx der Einfluß der Produktionsverhältnisse auf alles menschliche Geschehen ein so ungeheurer ist, so wird damit nicht etwa gesagt, daß ausschließlich das wirtschaftliche Motiv den Menschen bewegt, sondern nur, daß die wirtschaftlichen Verhältnisse es allemal sind, die das Wollen und Handeln im großen bewegen, daß auf ihnen als den materiellen Bedingungen [1] die gesellschaftlichen Veränderungen beruhen. Marx ist jedenfalls der Ansicht, daß die anderweitigen Interessen sich im letzten Grund auf ökonomische Unterlagen zurückführen lassen. Die wirtschaftlich egoistischen Interessen spielen weitaus die erste Rolle im Leben. Beim Kapitalisten erscheinen sie in der speziell ausgeprägten Form des für die kapitalistische Epoche charakteristischen Erwerbstriebs; bei allen gewinnen sie besondere Bedeutung als Klasseninteressen. Es braucht aber immerhin das wirtschaftlich-egoistische Motiv nicht das einzige zu sein, von dem der Mensch bewegt wird; doch ist nicht zu verwundern, wenn es bei Marx eine größere Bedeutung hat, als die meisten Ökonomen ihm heute zuzugestehen geneigt sind, wohl noch eine größere bei Adam Smith. Hammacher meint zwar, daß es nach der ökonomischen Klassenkampftheorie nur ökonomische Interessen gäbe; aber er vermag Marxsche Äußerungen von Belang dafür nicht beizubringen [2]. Dagegen zitiert er selbst sehr beachtenswerte Stellen aus Marx, die darlegen, daß der Verfasser des „Kapital" durchaus nicht nur ökonomische Interessen kannte [3]. Es scheint mir, als ob Hammacher vielfach da die rein ökonomischen Interessen sehe, wo Marx isolierend abstrahiert. Er sagt: „Marx verabsolutierte unter dem Einflusse des dogmatischen Monismus die Abstraktionsmethode der theoretischen Ökonomik" [4]. In Wirklichkeit wird eben die Abstraktionsmethode wie oben gezeigt, auch von Marx viel benutzt [5].

Von anderen Trieben ist nicht viel die Rede. Der Geschlechtstrieb, der in Engels' Schrift „Der Ursprung der Familie" als sehr wichtig erscheint, tritt bei Marx an Bedeutung stark zurück, speziell ja auch in der Lohnlehre, in der ihm die Klassiker eine so besonders große Bedeutung beigemessen hatten.

---

[1] Kautsky, Neue Zeit, Jahrg. 14, Bd. II, S. 658.
[2] Hammacher, Marxismus, S. 181 ff.
[3] Hammacher, Marxismus, S. 434.
[4] Hammacher, Marxismus, S. 436.
[5] Vgl. Kautsky, Neue Zeit, Jahrg. 14, Bd. II, S. 658.

Wir müssen also Marx' Psychologie als ärmlich [1] und einseitig empfinden. Als utopisch aber muß sie uns dort erscheinen, wo der Übergang in die Zukunftsgesellschaft dargestellt wird. Es ist und bleibt unerklärlich, wie die Menschheit, die nach Marx so tief in den egoistisch-ökonomischen Interessen befangen ist, von der eben noch ein Teil „die Expropriation der unmittelbaren Produzenten . . . mit schonungslosestem Vandalismus und unter dem Trieb der infamsten, schmutzigsten, kleinlichst gehässigsten Leidenschaften vollbracht" hatte [2], der andere aber unter diesem Druck immer mehr verelendet und entartet war [3], wie die so beschaffene Menschheit nun nach der Expropriation der Expropriateurs derart verwandelt sein kann, daß nach einer Übergangszeit „die öffentliche Gewalt den politischen Charakter" verliert [4] und ein froher Zustand allgemeinen Friedens eintritt [5]. Haben wir also Adam Smith' Psychologie den Vorwurf einer gewissen Einseitigkeit nicht ersparen können, so müssen wir Marx gegenüber nicht nur diesen Vorwurf, sondern auch den der Inkonsequenz machen. Diese Inkonsequenz wird dadurch nicht besser, daß Marx die Veränderlichkeit der menschlichen Natur zugibt [6]. Das Berechtigte an unseren Ausstellungen würde noch viel mehr hervortreten, wenn Marx sich auf eine genaue Darstellung der zukünftigen Gesellschaft und des Übergangs zu ihr eingelassen hätte.

Wie der Einzelmensch, so werden auch Staat und Gesellschaft in den deskriptiv-historischen Partien im allgemeinen so dargestellt, wie Marx sie als tatsächlich erkennt. Nun könnte man unter Bezugnahme auf Äußerungen von Marx sagen, er abstrahiere von der Konkurrenz [7]. Das scheint mir nicht richtig. So manche Stellen im „Kapital" [8] zeigen, daß von der Konkurrenz tatsächlich nicht immer abstrahiert ist. Wohl aber hat Marx es bewußt unterlassen, die Lehre von der Konkurrenz eigens zu behandeln, und das will er in den angeführten Äußerungen wohl sagen. Wenn wir also auch hier

---

[1] Vgl. Tugan-Baranowsky, S. 40.

[2] Kapital, Bd. I, S. 727.

[3] Kapital, Bd. I, S. 728.

[4] Kommunistisches Manifest, S. 38.

[5] Vgl. Wagner, Grundlegung I, 1, S. 14, 15; v. Schmoller, Grundriß, Bd. I, S. 97.

[6] Kapital, Bd. I, S. 573, Anm. 63 spricht Marx von der „in jeder Epoche historisch modifizierten Menschennatur". Auch Kapital, Bd. I, S. 140 sagt er, daß der Mensch seine eigene Natur verändert. Hammacher ist allerdings der Ansicht, daß „der ökonomische Egoismus als alleinige Realität bleibt" (Marxismus, S. 370). Dadurch wird die Schwierigkeit aber auch nicht beseitigt.

[7] Marx, Briefe an Dr. Kugelmann (vom 28. Dezember 1862), Neue Zeit, Jahrg. 20, Bd. II, S. 30, 189. Vgl. Sombart, Archiv, Bd. VII, S. 560.

[8] Z. B. Kapital, Bd. I, S. 590; Bd. III, 1, S. 245.

das eigentliche System der isolierenden Abstraktion nicht finden, so wäre es trotzdem falsch, zu glauben, die Geschichte spiele sich nach Marx genau so ab, wie er es in diesen Teilen darstellt. Er will ja den Kapitalismus und seine Entwicklung aufzeigen, und deshalb greift er die charakteristischen Tatsachen heraus, wo er sie findet, packt sie zusammen und stellt sie ins volle Licht seiner Theorie. Rückständiges und Rückschläge, was von der Entwicklung verschont geblieben, weil es seitab lag oder sich ihr entgegenstemmte, vor allem aber die edlere menschliche Gesinnung, die vom Geist des Kapitalismus denn doch wahrhaftig nicht in alleweg ertränkt ist — all das wird von Marx beiseite gestellt [1]. Deshalb erscheint auch das Elend der unterdrückten Volksklassen stets in den schwärzesten Farben. Das ist keine falsche Darstellung; aber naturgemäß werden die schlimmsten Seiten als die für den Kapitalismus bezeichnendsten am meisten betont. Methodisch will es eine Darstellung der tatsächlichen Entwicklung mit ihren Haupttendenzen sein, die uns in packender Weise Entstehen, Sein und Vergehen des Kapitalismus vor Augen führen soll. Will man darin, also im ganzen Werk, schon eine Isolierung sehen, so läßt sich dagegen nicht viel sagen. Aber natürlich ist das eine Isolierung ganz anderer Art, als sie von den Ökonomen unter dieser Bezeichnung gewöhnlich verstanden und von Marx bei Ableitung von Wert und Mehrwert geübt wird.

2. Die zeitliche Relativität Marxscher Begriffe.

In seiner Darlegung des Kapitalismus als einer vorübergehenden notwendigen Periode der Entwicklung bebaut Marx ein den Klassikern noch fremdes Gebiet. Er erkannte, wie Sombart sagt, „als Erster das unsere Zeit beherrschende Wirtschaftssystem in seiner spezifischen Eigenart“ [2], er zeigt, wie die Zustände des heutigen Kapitalismus weder ewige, noch ideale, noch normale sind, wie auch die Begriffe Wert und Mehrwert nur relative Geltung haben. Zu untersuchen ist nun, wie weit diese Geltung sich erstreckt. An der zeitlichen Begrenzung des Begriffs „Wert“ könnte man zunächst zweifeln. Denn der Wert wird ja bestimmt durch die gesellschaftlich notwendige Arbeitszeit; diese aber ist auch in einer sozialistischen Gesellschaft von Bedeutung; ja, Marx gibt sogar zu, daß in einer solchen die Wertbestimmung vorherrschend bleibe „in dem Sinn, daß die Regelung der Arbeitszeit und die Verteilung der gesellschaftlichen Arbeit unter die verschiedenen Produktionsgruppen, endlich die Buchführung hierüber, wesent-

[1] Vgl. Kapital, Bd. III, 1, S. 154.

[2] Sombart, Archiv, Bd. 26, S. 446.

licher denn je wird“ [1]. Trotzdem will Marx den Terminus „Wert“ nur für die Periode der Warenproduktion angewendet wissen, wie unzweideutig aus folgender Stelle hervorgeht:

„Das Arbeitsprodukt ist in allen gesellschaftlichen Zuständen Gebrauchsgegenstand, aber nur eine historisch bestimmte Entwicklungsepoche, welche die in der Produktion eines Gebrauchdings verausgabte Arbeit als seine ‚gegenständliche‘ Eigenschaft darstellt, d. h. als seinen Wert, verwandelt das Arbeitsprodukt in Ware. Es folgt daher, daß die einfache Wertform der Ware zugleich die einfache Warenform des Arbeitsproduktes ist, daß also auch die Entwicklung der Warenform mit der Entwicklung der Wertform zusammenfällt“ [2].

Man kann also sagen: Wo Ware, da Wert. Wert kommt demnach vor ohne Mehrwert im Zustand der einfachen Warenproduktion, wenn die Produzenten selbst ihre Waren gegenseitig verkaufen. Noch beschränkter als das Vorkommen des Werts ist daher das des Mehrwerts. Er basiert auf der Mehrarbeit. Diese nun ist überall da zu finden, wo der Arbeiter nur einen Teil seiner Arbeit zur Reproduktion seiner Arbeitskraft verwendet; den anderen Teil muß er abgeben. Solch ein Verhältnis lag vor bei der Sklavenhaltung und bei der mittelalterlichen Hörigkeit, und am Beispiel des walachischen Bojaren zeigt uns Marx, wie da die Teilung in notwendige Arbeit und Mehrarbeit besonders leicht ersichtlich wird, weil der Arbeiter gewisse Tage für sich, andere für den Herrn zu arbeiten hatte [3]. Mehrarbeit ist auch in der sozialistischen Gesellschaft notwendig, aber allerdings nicht zugunsten Privater, sondern der Gesellschaft. Marx sagt ausdrücklich, daß Mehrarbeit immer bleiben muß, und erläutert das: „Ein gewisses Quantum Mehrarbeit ist erheischt durch die Assekuranz gegen Zufälle, durch die notwendige, der Entwicklung der Bedürfnisse und dem Fortschritt der Bevölkerung entsprechende progressive Ausdehnung des Reproduktionsprozesses, was vom kapitalistischen Standpunkt aus Akkumulation heißt“ [4]. In einer Kritik des Gothaer Programmentwurfs fügt er noch besonders folgendes hinzu: „Erstens: Die allgemeinen, nicht zur Produktion gehörigen Verwaltungskosten . . . Zweitens: Was zur gemeinschaftlichen Befriedigung von Bedürfnissen bestimmt ist, wie Schulen, Gesundheitsvorrichtungen etc. . . . Drittens:

---

[1] Kapital, Bd. III, 2, S. 388; vgl. Bd. II, S. 287.

[2] Kapital, Bd. I, S. 28. Im selben Sinne eine Äußerung auf S. 14. Ferner: Zur Kritik des sozialdemokratischen Parteiprogramms. Neue Zeit, Jahrg. 9, Bd. I, S. 566. Kautsky, Karl Marx' ökonomische Lehren, S. 21, sagt sehr deutlich: „Der Wert ist eine historische Kategorie, nur für die Periode der Warenproduktion geltend.“

[3] Kapital, Bd. I, S. 197 ff.

[4] Kapital, Bd. III, 2, S. 354; vgl. Marx, Elend der Philosophie, S. XIX (Vorwort von Engels vom Jahre 1884).

Fonds für Arbeitsunfähige etc." [1]. Die Mehrarbeit nun entwickelt Mehrwert, wenn die Produkte der Arbeit dazu bestimmt sind, auf den Warenmarkt zu kommen, wenn sie also zu Werten werden. Das aber ist in unserer Zeit der Fall: Der moderne Kapitalismus ist die hervorstechendste Epoche der Mehrwertausbeutung. In einer sozialistischen Gesellschaft gäbe es natürlich keinen Mehrwert.

Wir haben also nun gesehen, wie weit Wert und Mehrwert Geltung haben, und haben gefunden, daß es nach Marx eine Zeit ohne beide gegeben hat und geben wird. Die Entwicklung, soweit sie bis jetzt sich ergab, schreitet stets voran durch Negation der Negation. Nun aber liegt noch eine Frage brennend vor uns: Wie stehts mit der Entwicklung nach der Expropriation der Exprioprateurs in der sozialistischen Gesellschaft der Zukunft? Die Marxsche Entwicklung geht nach der Dialektik durch die Klassengegensätze vor sich; jeweils in einer Klasse wird die zukünftige Gesellschaft vorbereitet — wo aber haben wir im Sozialismus diese Klasse? Wir haben sie offenbar nicht; denn es soll dann wohl überhaupt der Klassengegensatz aufhören; also gibt es auch keine Entwicklung durch Klassenkämpfe mehr. Aufs deutlichste sagt Marx dies mit den Worten: „Die bürgerlichen Produktionsverhältnisse sind die letzte antagonistische Form des gesellschaftlichen Produktionsprozesses, antagonistisch nicht im Sinne von individuellem Antagonismus, sondern eines aus den gesellschaftlichen Lebensbedingungen der Individuen hervorwachsenden Antagonismus, aber die im Schoße der bürgerlichen Gesellschaft sich entwickelnden Produktivkräfte schaffen zugleich die materiellen Bedingungen zur Lösung dieses Antagonismus. Mit dieser Gesellschaftsformation schließt daher die Vorgeschichte der menschlichen Gesellschaft ab" [2].

Also kein Antagonismus mehr, keine Klassenkämpfe; und wie stehts mit der Entwicklung, die doch nach Marx sich gerade nach der Dialektik vollzieht? Sollte sie wirklich aufhören? Es erscheint wohl am wahrscheinlichsten als Marx' Auffassung, daß die Entwicklung nach der Dialektik weitergeht, aber nicht mehr in Klassenkämpfen. Es soll ja auch, namentlich nach Engels, schon einmal einen Urkommunismus ohne Klassenkampf gegeben haben [3]; ähnlich mag sich

[1] Zur Kritik des sozialdemokratischen Parteiprogramms (Neue Zeit, Jahrg. 9, Bd. I, S. 566).

[2] Marx, Zur Kritik der politischen Ökonomie, S. LVI. Die Ausführungen von Engels (Anti-Dühring, S. 270—271) liegen in derselben Richtung wie die von Marx. Übereinstimmend sagt Kautsky (Die historische Leistung von Karl Marx, S. 11): „Nur unter bestimmten gesellschaftlichen Bedingungen ist die Treibkraft der Geschichte der Klassenkampf; stets ist es in letzter Linie der Kampf gegen die Natur."

[3] Engels, Anti-Dühring, S. 139; Ludwig Feuerbach, S. 31;

wohl auch Marx eine künftige Zeit ohne Klassenkampf vorstellen. Die Entwicklung vermittels der Klassenkämpfe würde sich dann nur zwischen Urkommunismus und Zukunftskommunismus vollziehen. Hammacher spricht im Hinblick auf diese drei Perioden von der „einmaligen Dialektik der Weltgeschichte" [1]. Aber durch welches Mittel vollzieht sich dann die Entwicklung? Sollte Engels andeuten wollen, daß das Gesetz der Negation überhaupt außer Kraft tritt, wenn er sagt: „Es ist der Sprung der Menschheit aus dem Reich der Notwendigkeit in das Reich der Freiheit" [2]. Mir scheint, dieses Gesetz, das so allgemein über die ganze Natur wirkt, kann vom marxistischen Standpunkte aus nicht plötzlich aufgehoben werden. Die Marxsche Negation der Negation muß weitergehen [3], wenn auch — selbst das scheint mir inkonsequent — die Klassenkämpfe wegfallen. Eine Entwicklung auf andere Weise, ohne Dialektik, ist bei Marx nicht zu glauben. Immerhin, wir können Marx nicht mehr darüber fragen. Er hat vielleicht klug daran getan, sich über diese Frage nicht deutlicher auszusprechen. Denn Marx war nicht nur Gelehrter, er war auch Prophet. Wird ein Prophet seine Scharen dazu begeistern, für ein Ideal in den Tod zu gehen, das nach dem Propheten selbst, kaum errungen, schon wieder dem Wurmfraß der Negation verfällt? Mir will scheinen, Marx als Marxist mußte erklären, daß auch an der Zukunftsgesellschaft die Weiterentwicklung in Widersprüchen, also wohl durch Kämpfe, nicht Halt machen werde; Marx als Sozialist aber mußte diese Erklärung mit sich begraben. Für die agitatorische Stoßkraft des Sozialismus war das jedenfalls das Beste.

Wir haben weiter oben Darwin und Marx nebeneinandergestellt. Kehren wir auf einen Augenblick zur Naturwissenschaft zurück, so sehen wir nun noch deutlicher, daß der dabei zitierte Vergleich Engels' zwischen beiden Männern nur teilweise stimmt. Einerseits ist das Ruckweise der dialektischen Entwicklung den Darwinschen Ideen durchaus entgegen [4]. Andererseits paßt, wenn man schon Darwins Kampf ums Dasein mit den Marxschen Klassenkämpfen in Parallele setzt, der plötzliche Abschluß dieser Kämpfe nun schon gar

---

Ursprung der Familie, S. 125; vgl. Paul Barth, Jahrbücher f. Nationalökonomie und Statistik, 3. Folge, Bd. XI, S. 14, 33.

[1] Hammacher, Marxismus, S. 231.

[2] Engels, Anti-Dühring, S. 271.

[3] Anders faßt es Masaryk auf, der „Grundlagen" S. 217 sagt: „Das Gesetz der Negation hat seine Pflicht getan und wird suspendiert."

[4] Masaryk, Grundlagen, S. 51. Hammacher sagt, „daß die Anpassung an geänderte Lebensbedingungen, auf die sich der Darwinismus stützt, das gerade Gegenteil der Widerspruchsentwicklung ist" (Marxismus, S. 510).

nicht. Auch das mag man bedenken, daß Darwin seinen Ausgangspunkt von dem Marx verhaßten Malthus genommen hat. Übrigens ist ja die naturwissenschaftliche Entwicklungstheorie nicht ursprünglich in den Marxschen Ideen enthalten, sondern erst später „als willkommene scheinbare Bestätigung" der ökonomischen Geschichtsauffassung ergriffen worden [1]. Fast eher könnte man, wenn man schon naturwissenschaftliche Theorien zum Vergleich heranziehen will, an die bei Erscheinen des „Kapital" bereits aufgegebene Katastrophentheorie denken. Auch die Lehre von Karl Marx ist eine Katastrophentheorie, freilich in ganz anderem Sinne als es Cuvier und die alten Naturforscher meinten. Es soll denn auch nicht im entferntesten ausgesprochen sein, daß Marx eine Katastrophentheorie nach Art der alten naturwissenschaftlichen hätte konstruieren wollen. Aber immerhin mochten ihm deren Gedankengänge geläufig sein, wie auch Cuviers „Discours sur les révolutions du globe" gelegentlich von ihm zitiert wird [2]. Eigentümlicherweise macht Kautsky den Versuch, die Darwinsche Lehre als Katastrophentheorie in Anspruch zu nehmen [3]. Jedenfalls erkennen wir, daß Marx' Lehre sich nicht direkt von Darwin ableiten läßt. Marx sah eben an dem plötzlich auftauchenden Gestirn nur, daß es gleich seiner Lehre auf der Entwicklung basierte, und merkte offenbar nicht genügend die Verschiedenheiten zwischen beiden Systemen.

Dies ist aber auch für die Beurteilung des Marxschen Systems als solchen ziemlich belanglos. Mag sich das Verhältnis zur Naturwissenschaft wie immer stellen, aufrecht bleibt, daß Marx es war, der in die politische Ökonomie mit aller Kraft den Gedanken der Entwicklung hineintrug. Darin liegt der

---

[1] Vgl. Erdmann, Jahrbuch für Gesetzgebung, Verwaltung und Volkswirtschaft, Jahrg. 31, 3, S. 36.

[2] Kapital, Bd. I, S. 478, Anm. 5; vgl. Masaryk, Grundlagen, S. 209.

[3] Oder kann die folgende Stelle anders aufgefaßt werden: „Ich habe schon einmal an einem anderen Ort darauf hingewiesen, daß die Bourgeoisie, solange sie revolutionär war, auch annahm, daß sich die natürliche Entwicklung durch Katastrophen vollzieht. Seitdem sie konservativ geworden ist, will sie von Katastrophen auch in der Natur nichts mehr wissen. Die Entwicklung vollzieht sich jetzt nach ihrer Ansicht in langsamster Weise ausschließlich auf dem Wege ganz unmerklicher Änderungen. Katastrophen erscheinen ihr als etwas Abnormes, Unnatürliches, nur noch dazu geeignet, die natürliche Entwicklung zu stören. Und trotz der Darwinschen Lehre vom Kampfe ums Dasein bemüht sich die bürgerliche Wissenschaft aus allen Kräften, den Begriff der Entwicklung gleichbedeutend erscheinen zu lassen mit dem eines ganz friedlichen Vorganges." Kautsky, Die historische Leistung von Karl Marx, S. 15. Kautsky verwahrt sich allerdings dagegen, daß sich die Entwicklung ausschließlich durch Katastrophen vollziehe (S. 16), aber „die Evolution ist unmöglich ohne zeitweilige Revolutionen" (S. 15).

tiefste Unterschied zwischen ihm und den britischen Klassikern, denen derartige Gedankengänge mehr oder weniger fremd waren. So erkennen wir bei Betrachtung der Marx schen Theorie und speziell der Lohntheorie die Lehren der klassischen Ökonomen in eigentümlicher Modifikation wieder. Einmal hatte Marx diese Lehren zum Sozialismus umzuformen — daher rührt z. B. in der Lohntheorie die Ablehnung des Malthus. Der Sozialismus aber mußte aus einem „utopischen" in den „wissenschaftlichen" überführt werden, und das geschah mittels der Entwicklung: Hier zeigte sich der Hegel-Schüler. Diese Evolution aber wurde immer wieder durch revolutionäre Tendenzen durchkreuzt, die bei Marx in späterer Zeit allerdings verblaßten, aber doch das Bild der Entwicklung wesentlich beeinflußten. Solche Mischung wäre im Kopfe und in der Hand eines kleinen Geistes zu einem Wirrsal geworden. Marx hat daraus ein Werk geschaffen, das trotz seiner Gelehrsamkeit für die Volksmassen ein Wahrzeichen geworden ist, und das, mag auch die Falschheit aller seiner Theorien im einzelnen nachgewiesen werden, doch in der Wissenschaft immer ein Markstein bleiben wird.

Schlußbetrachtung.

Stellung der Autoren zur Arbeiterbevölkerung.

Bei all den bedeutsamen Unterschieden, die wir bisher zwischen den Lohntheorien der Klassiker und der marxistischen gefunden haben, ergibt sich für den Leser doch wohl die Empfindung, es sei noch nicht völlig das Trennende hervorgehoben. Ich glaube indes die wissenschaftlichen Differenzen in der Hauptsache dargelegt zu haben, und wenn es sich um ein allen praktischen Lebensinteressen fremdes Gebiet handelte, so würde die Auseinandersetzung d i e s e r Unterschiede wohl auch genügen. Aber die Sozialökonomik hat als Grundlage den lebenden Menschen und seine Handlungen, diesen selben Menschen, den der Wissenschafter von Jugend auf in verschiedenster Beleuchtung gesehen hat, je nach seiner Erziehung, dem Milieu, in dem er aufwuchs, der Klasse, der er angehörte. Besonders in der Lohntheorie hat das Bedeutung. Hier handelt es sich ja in erster Linie um die Arbeiterklasse. Eine Theorie vom Arbeitslohn muß die ganze Lage der Arbeiterschaft ins Auge fassen; es ist das Verhältnis des Autors zu ihr, seine Beurteilung des arbeitenden Volkes von größter Bedeutung für seine Lehre. Nun gehört aber der wissenschaftliche Nationalökonom der Arbeiterklasse meist nicht von Haus aus an; im Gegenteil steht sie ihm regelmäßig fern. Wie er sich zu ihr stellte, was für eine Anschauung er insbesondere von ihr hatte, das mußte auch für seine Werke von größter Bedeutung sein. Auf das persönliche Verhältnis unserer Autoren zur Lohnarbeiterklasse als dem Substrat aller Lohntheorie ist daher zum Schluß noch ein Blick zu werfen.

Die verflossenen Jahrhunderte hatten nicht eben viel Sinn für das arbeitende Volk gezeigt. Die Kultur der Renaissance war eine aristokratische. Die Teilung zwischen geistiger und körperlicher Arbeit nahm zu und mit ihr die Entfremdung der Klassen. Um das niedere Volk interessierte man sich nicht viel, und wenn, so geschah es von oben her. Von hoher Warte blickte man auf diese armselige, in jeder Beziehung inferiore Plebs nieder. All die Volksgestalten bei Shakespeare — wohlgemerkt, keine Proletarier, sondern meist besitzende Handwerker —, so köstlich und naturgetreu sie dargestellt sein mögen, sie zeigen uns das niedere Volk, wie es der gut beobachtende Gebildete von seinem Standpunkte aus sah; ein wetterwendischer Pöbel, gut zum Arbeiten und Beherrschtwerden:

„Seht, wie ich diese Feder von mir blase,
Und wie die Luft zu mir zurück sie bläst,
Die, wenn ich blase, meinem Hauch gehorcht,
Und einem andern nachgibt, wenn er bläst;
Vom stärkern Windstoß immerfort regiert;
So leichten Sinns seid ihr geringen Leute."

(Heinrich VI., Teil III, Aufzug III, Szene 1.)

Das ist die Anschauung des englischen Dichters im 16. Jahrhundert.

Die Klassenscheidung minderte sich nicht in den folgenden Jahrhunderten, im Gegenteil erwuchs ja jetzt erst recht die Trennung von Kapital und Arbeit. Indes bahnte sich doch allmählich da und dort größeres Interesse für diejenigen an, ohne deren Arbeit der Höherstehende, wie er nun zu erkennen begann, nicht existieren konnte. Das 18. Jahrhundert wird sogar durch eine mächtige Bewegung zum Volk gekennzeichnet. Und doch, es war immer nur die Betrachtung von oben her, wenn sentimentale Dichter für die Rückkehr zur Natur schwärmten und den Landarbeiter besangen; wenn die verwöhnte Gesellschaft des 18. Jahrhunderts, von der Überfeinerung angeekelt, aus Modelaune das Hirtenleben verherrlichte. Adam Smith, der dieser Zeit ja angehört, zeigt Interesse und aufrichtige Liebe für die labouring poors. Aber es ist doch nur der hohe Gelehrte, der von seiner fernen Welt aus die Freuden und Leiden der Kleinen betrachtet.

Es kam die französische Revolution mit ihren Wirkungen in den anderen Ländern. Die Bourgeoisie stieg empor. Die rechtlichen Schranken, die den Arbeiterstand von den höheren Schichten trennten, fielen mehr oder weniger; aber die tatsächliche Kluft zwischen beiden blieb bestehen; und für einen Kapitalisten wie Ricardo waren die Proletarierscharen eine andere Welt, die er von seinem eigenen — wenngleich gewiß wohlwollenden — Standpunkte aus ansah. Auch Mill war in ähnlicher Lage, obwohl er namentlich in späteren Jahren doch immer mehr Brücken zur Arbeiterwelt schlug.

Ganz anders Marx. Wohl entstammte auch er der Bourgeoisie. Aber er hat sich als Revolutionär nicht bloß gegen den Feudalismus gewandt, sondern vor allem den Kapitalismus des Bourgeois bekämpft, und sich so ganz in die Reihen der Arbeiter gestellt. Er mochte ja auch als Jude von vornherein dem deutschen Bürgertum kritischer gegenüberstehen; dem englischen Kapitalismus, den er hauptsächlich im „Kapital" darstellt, ist er dann nur als radikaler Feind gegenübergetreten. Marx betrachtet nun die ganze Wirtschaftsentwicklung von der Arbeiterseite aus; er sieht die Lohnarbeiterschaft wie einer der Ihren an; und wie für die Klassiker das Arbeiterland das fremde war, so für ihn das der Bourgeoisie — fremd natürlich nicht in dem Sinne, daß diesen Autoren die andere Seite unbekannt gewesen wäre, sondern insofern, daß sie ihnen ferner lag, daß sie nicht ihre Gefühle, ihre Anschauungen beherrschte. Es tritt aber der einseitige Standpunkt bei den Sozialisten am schärfsten hervor: Marx stellt sich bewußt auf den Interessenstandpunkt der Arbeiter, um die Bourgeoisie zu bekämpfen, wenn er auch natürlich vom Endresultat dieses Kampfes das Glück nicht bloß der bisherigen Arbeiterschaft, sondern der ganzen Menschheit erhoffte. Die Klassiker wollten nicht einen bestimmten Volksteil vertreten; aber ihre Anschauung war unmerklich durch die eigene Klasse bestimmt. Es war in bezug auf den Arbeiterstand der Gesichtspunkt des Besitzenden, die Anschauung von oben her. Die Sozialisten schauten ihn von unten an. Natürlich ist keine von beiden Anschauungen als die allein richtige zu bezeichnen; einseitig war jede. Erst eine Vereinigung beider hätte zu besserem Ziel führen können. Solch eine Vereinigung ist aber leichter ausgesprochen als ausgeführt, und bis heute dauern die Kämpfe fort, die nicht bloß durch Verschiedenheiten der wissenschaftlichen Lehren, sondern mehr noch durch solche der Anschauung hervorgerufen sind; und natürlich färben die letzteren auf die Lehre ab und beeinflussen sie. Und gerade wer am leidenschaftlichsten auftritt, wird am meisten im Banne seines Milieus stehen — sei es des angeborenen oder des freigewählten. Und diese Anschauung wird auch seiner wissenschaftlichen Lehre erst die rechte Beleuchtung geben. Das ist nicht zu vermeiden. Denn das Wohl der Menschheit, wie er es auffaßt, ist doch für den Sozialökonomen das Ziel, mag er sich auch noch so sehr bemühen, in unbeeinflußter Forschung Gesetze herauszudestillieren. Er wird aber immer danach streben müssen, daß sein Interesse das ganze Volk umfasse, daß er alle seine Klassen nicht bloß vom einseitigen Standpunkt aus betrachte, sondern von allen Seiten. Fußend auf der Untersuchung der geschichtlichen Vergangenheit, wird er die relative Berechtigung der Interessengruppen zu verstehen suchen. Wenn gerade Vertreter eines solchen Standpunktes von allen Seiten angegriffen wurden, so beweist das nur, daß sie auf dem rechten Weg waren: wer die widerstreitenden Parteien richtig erfassen will, kann keine einseitig vertreten. Der Sozialökonom wird sich aber auch bemühen, die sich bekämpfenden Klassen durch Weckung des gegenseitigen Verständnisses einander näher zu bringen; durch Vermittlung der Erkenntnis des volkswirtschaftlichen Räderwerks wird er dem einen die Notwendigkeit der anderen zeigen; er wird trachten, die tiefen Klüfte, welche die Klassen des Volkes voneinander trennen, zu seinem Teil aufzufüllen durch allseitige Weckung des Verständnisses für die Zusammengehörigkeit aller Volksgenossen. Und so wird er, so viel an ihm liegt, beitragen zur inneren Festigung des Volkskörpers.

Verzeichnis der benutzten Literatur.

Barth, Paul, Die sogenannte materialistische Geschichtsphilosophie (Jahrbücher für Nationalökonomie und Statistik, 3. Folge, Bd. XI).

Bernstein, Eduard, Die Voraussetzungen des Sozialismus und die Aufgaben der Sozialdemokratie. 11. Tausend, Stuttgart 1904.

v. Böhm-Bawerk, Zum Abschluß des Marxschen Systems (Staatswissenschaftliche Arbeiten, Festgaben für Karl Knies), Berlin 1896.

Brentano, Die klassische Nationalökonomie, Leipzig 1888.

Comte, Auguste, Cours de philosophie positive. 6 Bände, Paris 1830—1842.

Cunow, Zur Zusammenbruchstheorie (Neue Zeit, Jahrgang 17, Bd. I, S. 356 ff.).

Diehl, Sozialwissenschaftliche Erläuterungen zu David Ricardos Grundgesetzen der Volkswirtschaft und Besteuerung. 2. Auflage, Leipzig 1905.

Dietzel, Artikel „Selbstinteresse und Methodenstreit in der Wirtschaftstheorie“ (Handwörterbuch der Staatswissenschaften, 3. Auflage, Bd. VII, S. 435 ff.).

Eisler, Wörterbuch der philosophischen Begriffe, 3. Auflage, Berlin 1910.

Engels, Friedrich, Der Ursprung der Familie, 2. Auflage, Stuttgart 1886.

Engels, Friedrich, Die Lage der arbeitenden Klassen in England, 2. Auflage, Stuttgart 1892.

Engels, Friedrich, Ergänzung und Nachtrag zum dritten Buch des „Kapital“ (Neue Zeit, Jahrgang 14, Bd. I, S. 4 ff.).

Engels, Friedrich, Herrn Eugen Dührings Umwälzung der Wissenschaft, 2. Auflage, Zürich 1886 (zitiert Anti-Dühring).

Engels, Friedrich, Ludwig Feuerbach und der Ausgang der klassischen deutschen Philosophie, 3. Auflage, Stuttgart 1903.

Erdmann, Benno, Die philosophischen Voraussetzungen der materialistischen Geschichtsauffassung (Jahrbuch für Gesetzgebung, Verwaltung und Volkswirtschaft, Jahrgang 31, 3).

Gothein, Artikel „Gesellschaft und Gesellschaftswissenschaft“ (Handwörterbuch der Staatswissenschaften, 3. Auflage, Bd. IV, S. 680 ff.).

Hammacher, Das philosophisch-ökonomische System des Marxismus, Leipzig 1909.

Hasbach, Mit welcher Methode wurden die Gesetze der theoretischen Nationalökonomie gefunden? (Jahrbücher für Nationalökonomie und Statistik, 3. Folge, Bd. 27).

Hasbach, Untersuchungen über Adam Smith und die Entwicklung der politischen Ökonomie, Leipzig 1891.

Held, Zwei Bücher zur sozialen Geschichte Englands, Leipzig 1881.

v. Hermann, Staatswirtschaftliche Untersuchungen, 2. Auflage, München 1874.

Hildebrand, Die gegenwärtige Aufgabe der Wissenschaft der Nationalökonomie (Jahrbücher für Nationalökonomie und Statistik, Bd. I, S. 5 ff.).

Hilferding, Böhm-Bawerks Marxkritik (Marx-Studien, Bd. I), Wien 1904.
Kautsky, Die historische Leistung von Karl Marx, Berlin 1908.
Kautsky, Die materialistische Geschichtsauffassung und der psychologische Antrieb (Neue Zeit, Jahrgang 14, Bd. II, S. 652 ff.).
Kautsky, Karl Marx' ökonomische Lehren, 13. Auflage, Stuttgart 1910.
Knies, Karl, Die politische Ökonomie vom geschichtlichen Standpunkte. Neue Auflage, Braunschweig 1883.
Lassalle, Offenes Antwortschreiben an das Zentralkomitee zur Berufung eines allgemeinen deutschen Arbeiterkongresses zu Leipzig (Reden und Schriften, Neue Gesamtausgabe, Berlin 1893, Bd. II).
Lifschitz, Adam Smith' Methode im Lichte der deutschen nationalökonomischen Literatur des XIX. Jahrhunderts, Bern 1906.
Lifschitz, Zur Methode der Wirtschaftswissenschaft bei D. Ricardo (Jahrbücher für Nationalökonomie und Statistik, 3. Folge, Bd. 33).
Malthus, Eine Abhandlung über das Bevölkerungsgesetz. Übertragen von V. Dorn, Jena 1905.
Malthus, Principles of Political Economy, London 1836.
Marx, Karl, Briefe an Dr. Kugelmann (Neue Zeit, Jahrgang 20, Bd. II).
Marx, Karl, Das Elend der Philosophie. Deutsch von E. Bernstein und K. Kautsky. Mit Vorwort und Noten von Friedrich Engels. 2. Auflage, Stuttgart 1892.
Marx, Karl, Das Kapital, I. Band 5. Auflage, II. Band 3. Auflage, Hamburg 1903, III. Band 2. Auflage, Hamburg 1904.
Marx, Karl, „Lohnarbeit und Kapital", Separatabdrück aus der „Neuen Rheinischen Zeitung" vom Jahre 1849. Berlin 1891.
Marx, Karl, Lohn, Preis und Profit (Neue Zeit, Jahrgang 16, Bd. II, S. 4 ff.).
Marx, Karl, Theorien über den Mehrwert. Herausgegeben von K. Kautsky. Stuttgart 1905—1910.
Marx, Karl, Zur Kritik der politischen Ökonomie. Herausgegeben von K. Kautsky. Zweite Neuausgabe, Stuttgart 1907.
Marx, Karl, Zur Kritik des sozialdemokratischen Parteiprogramms. Aus dem Nachlaß von Karl Marx (Neue Zeit, Jahrgang 9, Bd. I).
Marx und Engels, Das kommunistische Manifest. Siebente autorisierte deutsche Ausgabe, Berlin 1909.
Masaryk, Die philosophischen und soziologischen Grundlagen des Marxismus, Wien 1899.
Mill, John Stuart, Die Arbeiterfrage (Gesammelte Werke, Bd. XII), Leipzig 1880. (Zuerst in Fortnightly Review, Mai 1869.)
Mill, John Stuart, Principles of Political Economy, London, New York and Bombay, Longmans, Green & Co. 1900.
Mill, John Stuart, Grundsätze der politischen Ökonomie, übersetzt von Soetbeer, Leipzig 1869 (zitiert: Soetbeer).
Mill, John Stuart, Selbstbiographie. Aus dem Englischen von Dr. Kolb. Stuttgart 1874.
Mill, John Stuart, System der deduktiven und induktiven Logik. Übersetzt von Gomperz. Leipzig 1885.
Neumann, Zur Geschichte der Lehre von der Gravitation der Löhne nach gewissen Kostenbeträgen (Jahrbücher für Nationalökonomie und Statistik, 3. Folge, Bd. XVII).
v. Nostitz, Das Aufsteigen des Arbeiterstandes in England. Jena 1900.
Oncken, August, Das Adam-Smith-Problem. Zeitschrift für Sozialwissenschaft, 1898.
Oncken, August, Geschichte der Nationalökonomie, Bd. I, Leipzig 1902.
Oppenheimer, Franz, Das Grundgesetz der Marxschen Gesellschaftslehre, Berlin 1903.

Oppenheimer, Franz, Die soziale Frage und der Sozialismus, Jena 1912.
Oppenheimer, Franz, Theorie der reinen und politischen Ökonomie, Berlin 1910.
Pesch, Heinrich, Lehrbuch der Nationalökonomie. I. Band, Freiburg 1905, II. Band 1909.
v. Philippovich, Über Aufgabe und Methode der politischen Ökonomie, Freiburg 1886.
Ricardo, David, Principles of Political Economie and Taxation. Edited by E. C. K. Gonner, London 1908.
Ricardo, David, Grundgesetze der Volkswirtschaft und Besteuerung. Übersetzt von Baumstark, Leipzig 1877 (zitiert: Baumstark).
Ricardo, David, An Essay on the influence of a low Price of Corn on the Profits of Stock (The Works of David Ricardo, London, John Murray, 1888, S. 367 ff.).
Salz, Arthur, Beiträge zur Geschichte und Kritik der Lohnfondstheorie (Münchner volkswirtschaftliche Studien, 70. Stück), Stuttgart und Berlin 1905.
v. Schmoller, Grundriß der allgemeinen Volkswirtschaftslehre. Erster Teil, 7.—10. Tausend, Leipzig 1908; zweiter Teil 1904.
Schönberg, Artikel „Arbeitslohn" (Handwörterbuch der Staatswissenschaften, 2. Auflage, Bd. I, S. 863).
Smith, Adam, Theorie der sittlichen Gefühle. Übersetzt von Kosegarten, Leipzig 1791—1795.
Smith, Adam, An Inquiry into the Nature and Causes of the Wealth of Nations. London, Routledge, 1893.
Smith, Adam, Untersuchungen über das Wesen und die Ursachen des Volkswohlstandes. Übertragen von F. Stöpel. Vier Bände, 2. Auflage, Berlin 1905—1907 (zitiert: Stöpel).
Sombart, Zur Kritik des ökonomischen Systems von Karl Marx (Archiv für soziale Gesetzgebung und Statistik, Bd. VII, S. 555 ff.).
Sombart, Karl Marx und die soziale Wissenschaft (Archiv für Sozialwissenschaft und Sozialpolitik, Bd. XXVI, S. 429 ff.).
Steffen, Studien zur Geschichte der englischen Lohnarbeiter, drei Bände, Stuttgart 1901—1905.
Tugan-Baranowsky, Theoretische Grundlagen des Marxismus, Leipzig 1905.
Waentig, Auguste Comte und seine Bedeutung für die Entwicklung der Sozialwissenschaft, Leipzig 1894.
Wagner, Grundlegung der politischen Ökonomie. Erster Teil, 3. Auflage, Leipzig 1892.
v. Wenckstern, Marx. Leipzig 1896.
Zeyß, Adam Smith und der Eigennutz. Tübingen 1889.
v. Zwiedineck-Südenhorst, Lohnpolitik und Lohntheorie. Leipzig 1900.

FSC
www.fsc.org
MIX
Papier | Fördert gute Waldnutzung
FSC® C083411

Kolibri 360 GmbH
Ferdinand-Jühlke-Straße 7
99095 Erfurt, Deutschland
produktsicherheit@kolibri360.de

Druck:
CPI Druckdienstleistungen GmbH
im Auftrag der
Kolibri 360 GmbH
Ferdinand-Jühlke-Str. 7
99095 Erfurt